이 책은 우쩡룽 작가가 쓴 중국어 원문을 nobook에서 편역하고 작가 인터뷰를 통해 재편성한 것입니다. 중국어 원문《신사상(新思想)》은 전자책으로 제작되어 국내뿐아니라 아마존 등 해외 온라인 서점사이트에서 보실 수 있습니다.

도망자

nobook

목 차

3부 책을 못낼 불운한 작가

프롤로그

나는 도망자다

나는 도망자다.
나는 망명자다.
나는 자유를 갈구한다!
나는 자유를 열망한다!
나는 자유를 타는 목마름으로 찾는다!

왜?
나는 인간이기 때문이다.
나는 돼지도 개도 소도 말도 아닌
사람이기 때문이다.
내 가슴과 영혼에서 분출하는 자유를 향한 그리움,
억제할 수 없는 자유혼(自由魂)이
나를 날마다 사로잡는다.
이런 내가 미친 건가?

하늘이여, 묻노라!
“나는 자유에 미친 광인(狂人)입니까?”
내 조국, 내 나라, 나의 살과 피와 영혼이 만들어진
저 중화 대지는 자유가 없노라!
사상의 자유, 언론의 자유, 말의 자유,
종교의 자유, 비판의 자유, 문학의 자유,
지성의 자유, 표현의 자유!
자유의 정신을 소유한 영혼들에게 오는 것은
철 몽둥이, 고문, 실종, 감옥, 죽음일 뿐이다.

아!
위대한 전제의 대국, 독재의 대국!
이것이 내 조국 중국이다.
나는 숨을 쉴 수 없다.

숨이 막힌다.
그래서 나는 도망자가 되었다.
자유의 나라 대한민국으로 탈출했다.

나는 평생 중국의 자유와 민주를 위한 글을 써왔다.
쓰지 않으면 안 되게 하는 그 무엇이
내 영혼을 뒤흔들었다.
그리고 한국에 온 후 쉴 새 없이
대륙의 자유와 민주를 촉구하는 글을 써왔다.
한국은 나에게 글쓰기의 자유, 발표의 자유,
행동과 표현의 자유를 제공했다.
아시아에 이런 자유의 나라가 있다는 사실에
깊이 감사드린다.

그리고 이제 한국어로 책을 낼 수가 있어
내 마음은 무한한 기쁨을 느낀다.

한국은 자유와 민주를 위해 피를 흘려온 나라다.
6.25전쟁은 공산 독재로부터 자유를 수호하기 위한
한반도 최대의 대혈투(大血鬪)였다.
4·19민주항쟁, 부마항쟁, 5.18 광주민주항쟁,
6.10민주항쟁의 위대한 투쟁사!

한국에서 도망자로 산지 올해로 18년째다.
누구도 이런 나를 이해하고 품어주지 않을 때
최황규 목사는 변함없이 18년을 함께
벗이 되고 동행자가 되어주었다.
그리고 폭풍우를 함께 해왔다.
우정이란 이런 게 아닐까!

한국인 독자들에게 말씀드린다.
자유의 나라 한국을 끊임없이 괴롭히고 흔드는
북한과 북한 핵무기의 근본적 해결책은
중국민주화이다.
중국민주화는 한반도 통일의 지름길이다.
나는 한국인들이 이 점을
깊이 인식해주셨으면 한다.

그리고 중국민주화운동과
중국 민주인사들을 지지해주시고
응원해주시고 함께 동참해주시기를
간곡히 요청한다.

14억 중국의 자유와 민주를
한국인들이 도와주시기를
또한 머리 숙여 부탁드린다.
이 책의 출판을 도와주신 정유진 사장과
김소연 작가님, 그리고 송명희 목사와
임금옥 자매에게 감사드린다.

2020년 6월 4일 우 쩐 룽

자유와 민주의 펜!

벗이 멀리서 찾아오니 또한 즐겁지 아니한가?

有朋自遠方來不亦樂乎

중국뿐 아니라 동아시아 정신문명의 바탕을 이룬 공자는 부모를 일찍 잃었다. 그는 고독 속에서 사유와 사상의 길을 걸어갔다. 그래서 멀리서 친구가 온다니 기뻐했다. 친구란 서로 긴장의 벽, 허례허식이 없다. 한 순간 마음이 통하고 가슴이 열리는 사이다. 물론 '코드'도 통해야할 것이다.

한국인들에게 중국은 복잡한 감정을 일으킨다. 북쪽의 어느 누구는 "중국은 천년의 적이다"라고 했다. 그 누구의 이름은 말하고 싶지 않다. 나는 그를 사람이라고 생각하지 않기 때문이다. 그럼에도 그는 그 한마디로 중국과 한반도의 관계를 정리했다. 서늘한 결심이다.

현재의 중국 정부가 합리적이고 문명적인 나라라고 생각하는 한국인들은 많지 않다. 물론 있다. 중국은 달려가는 큰 '짐승'인데 한국은 이 짐승의 엉덩이에 '파리'처럼 붙어 가면 된다는 말을 모 시장이 했다한다. 중국은 커다란 산봉우리요 한국은 작은 봉우리라고 머리를 조아리며 아부를 떤 이 나라의 큰 '어른'도 있다. 중국 앞에만 서면 꼬리 내린 강아지처럼 되는 사대주의의 개들도 있다.

사드 배치를 하라마라는 나라다. 대만을 가려는 대한민국의 국회의원을 일개 대사가 가라마라 하는 나라다. 중국을 국빈 방문한 대통령 수행기자의 얼굴을 구둣발로 강타하는 나라다. 전 세계에 있어서 유독 한국만 심하게 두들겨 패는 나라가 저 큰 나라, 상국 중국이다.

아편전쟁은 중국인의 자존심에 깊은 상처를 주었다. 모택동은 신(新)중국을 공산주의운동과 공산당을 통해 건설했다. 외세를 몰아냈다. 등소평은 개혁개방을 시작해 현재 중국은 미국 다음으로 힘을 길렀다. 그리고 어깨와 근육과 주먹을 세계를 향해 휘두르며 위세를 보인다. 마치 '깍두기 머리'를 한 형님처럼 줄을 세우고 있다.

중국의 섬서성으로부터 벗이 한국에 왔다. 2002년이다. 우쩐룽이다. 중국이 야만의 길을 버리고 문명의 길을 가야한다고 주장한다. 우 선생은 도망자다. 암흑의 독재에서 자유광명의 한국으로 망명하였다. 난민이다. 그는 평생 중국의 자유와 민주를 향한 글을 써왔다. 중국 공산당의 입장에서 보면 반동분자, 반혁명분자, 국가 내란선동범죄자이다.

중국의 국부 손문 선생도 망명객이다. 김구, 이승만도 망명객이다. 성경의 모세도 망명객이다. 모세는 오랜 방랑 생활 후 신(神)의 음성을 듣고 시내산에서 율법을 받아 인류 역사의 한 사상 원형(元型)을 이뤄 전 인류의 삶에 심대한 영향을 주고 있다. 뿐만 아니라 무명의 망명객들은 역사상 허다하다.

역사를 뒤흔들고 바꾸는 혁명가는 행동형과 이론형이 있다. 우 선생은 투사형이 아니라 글을 통해 백성을 깨우고자 하는 문사(文士)형이다. 우 선생은 문화대혁명 때 중학교의 홍위병 두목으로 모택동의 충견 노릇을 했다. 그는 홍위병 두목으로 북경의 천안문 광장에서 모택동이 사열을 할 때 '신(神)'인 모택동을 가까이서 친견하면서 말할 수 없는 감동과 감격의 눈물을 흘리기도 했다.

그 후 그는 중국인민해방군에 들어가 정치교관으로 발탁되어 사회주의, 공산주의가 인류사에 있어 최고의 발전단계임을 해방군 병사들에게 교육시키는 임무를 맡아 도서관에서 동서양 서적과 사상서를 마음껏 흡입하면서 정신의 문, 인문의 문이 활짝 열리게 되었고 그때부터(20대 초) 그는 비밀리에 반모택동, 반문화대혁명, 반공산당, 반전제주의, 반독재주의, 자유와 민주 등에 관한 글을 쓰기 시작했다. 마치 모택동이 청년시절 북경의 도서관에서 사서 일을 보면서 독서를 하다 공산주의자가 된 것처럼.

이때부터 우 선생은 글 쓰는 길을 평생 걸어간다. 마치 그가 태어난 이유가 글쓰기인 것처럼. 그는 모든 시간을 글쓰기에 바쳤다. 그리고 독서하고 사색하는 일에 몰두했다. 그의 글은 모두 중국 대륙 인민의 가슴에 깊이 뿌리 내린 맑스주의, 모택동 사상과 어록, 모택동 사후 여전히 대륙과 인민에게 깊이 드리워진 모택동의 잔영을 해체, 타도, 제거, 퇴출시키기 위한 내용들이다.

퇴직 후 그는 심천으로 내려가 홍콩 출판사에 가명(진안문)으로 편지를 보내 출판 의뢰를 했는데 이것이 공안에 발각되어 결국 자유의 나라 한국으로 탈출하였다.

한국으로 온 것은 자신의 글, 사상을 마음껏 쓰고 발표하기 위한 것이었다. 그는 가리봉동 벌집에 살면서 노트북을 통해 지금까지 중국에서 발표를 못한 무수한 문장들을 인터넷 사이트(예: 민주논단, 북경의 봄 등)에 발표했다.

한국에서 18년간 망명(피난)의 세월을 보냈다. 우 선생은 중국 대륙의 자유혼이다. 자유의 필봉이다. '펜은 칼보다 강하다!'는 신념으로 문장가로서, 작가로서 살아왔다. 그의 글은 칼이다. 독재와 억압의 동아줄로 꽁꽁 묶여있는 인민들에게 자유와 해방을 주는 칼이다. 동아줄을 끊어내는 칼! 중국역사가 불러낸 사람! 사마천이 사기를 쓸 때 억울한 궁형을 감수하면서 피를 토하듯 사기를 썼듯이 우 선생은 대한민국 구로구 가리봉동에서 마치 궁형의 세월을 보내듯 고독하고 비장하게 글을 써왔다. 그가 중국에서 쓴 글만도 사람 키를 훨씬 넘길 정도로 많다.

나는 우 선생을 볼 때 마다 사상가는 고독한 광야에서 단련되어 나온다는 것을 생각한다. 모세는 미디안 광야로 도망가 40년을 홀로 광야에서 사색하고 갈고 닦지 않았던가! 그리고 그는 마침내 신의 음성을 들었다. "내 백성을 해방시키라!" 신은 모세에게 지팡이 하나만 달랑 주었다. 그리고 신의 음성. 신이 우 선생에게 준 지팡이는 펜이다.

우 선생의 한국어 책《도망자》가 출판되었다. 도망자, 망명객, 난민으로 한국에서 살아가면서 이상을 품고 탈출한 한 중국인이 겪은 이야기, 자신이 왜 중국 공산당과 대립하고 공산주의를 제거해야한다는 결론에 이르렀는지 그 사상의 발전과정을 간략하게 전기적 방식으로 풀어내었다. 한국에서 보낸 오랜 세월동안 무수한 고통과 가난을 겪었음에도 극도로 절제된 언어로 담담히 써내려갔다.

중국의 자유와 민주를 바라는 한국인, 아시아에 자유문명을 확산시키려는 자유지성들, 한반도의 통일을 위해 힘쓰는 분들, 난민의 인권에 관심을 가지고 있는 분들께서 이 책을 읽어보시기를 권한다.

우 선생은 자유 대한민국으로 온 자유와 민주의 '벗'이다.

"멀리서 벗이 오니 기쁘지 아니한가?"

멀리서 온 벗, 우 선생을 우리 한국인들이 따듯하게 반겨 주시기 바란다.

2020년 6월 4일 최 황 규

《황하의 물결》 저자

1부

한국으로 도망치다

1. 한국에서의 첫 번째 인연

2002년 12월.

그해 겨울은 유난히 추웠다. 나와 친구 등원비(邓韫璧)는 조국, 중국을 탈출한 지 벌써 20여 일이 지났다. 나는 그동안 너무 긴장한 탓인지 좀처럼 몸과 마음이 진정되지 않았다. 아무런 준비 없이 무작정 떠나온 우리는 낯선 한국 땅에서 어디로 가야 할지 갈피를 잡을 수 없었다.

우선은 법무부에서 지정해준 <중국동포교회>로 숙소를 정했다. 그렇지만 이곳에서는 도저히 편안한 안정을 취할 수가 없었다. 답답한 마음에 방안 이곳저곳을 서성이다 자주 문 앞에 나가서 차가운 겨울바람이라도 맞으며 서 있어야 답답한 마음이 풀리곤 했다. 그러면 그곳을 수시로 드나드는 조선족들과 한족들을 볼 수 있었다. 그들은 하나같이 무슨 연유로 한국에 왔는지 알 수 없는 사연 많은 얼굴을 하고 있어서 우리가 먼저 다가가 인사를 하거나 아는 척을 할 수 없었다. 이러지도 저러지도 못하며 그렇게 우리는 하루하루를 무의미하게 흘려보내고 있었다.

이들이 보기에도 우리는 뭔가 우울하고 자신들과 쉽게 어울리지 못할 이방인 같은 느낌이 들었을 것이다. 그래서인지 주변의 그 누구도 우리와 가까이 지내고 싶어 하지 않았고 말을 걸려고도 하지 않았다. 우리 역시 이곳은 우리가 잠시 머물다 곧 떠날 곳이라 여겨져서인지 도통 정도 들지 않았고 마음도 편치 않았다. 그래도 이 낯선 곳에서 뭐라도 하지 않으면 안 될 것 같아서 고심하고 있던 어느 날, 누군가 우리를 찾아왔다는 말을 전해 듣고 화들짝 놀랐다. 우리가 여기에 있는 걸 어떻게 알고 왔을까. 한편으로는 반갑고 한편으로는 두려운 복잡한 심경으로 우리는 그 사람을 만나기 위해 약속 장소로 향했다.

우리는 조금 상기된 얼굴로 무언가 불안한 듯 주변을 둘러보다가 우리가 나타나자 반갑게 손부터 불쑥 내미는 점잖고 진중한 한 남자와 만났다. 그는 자신의 이름을 쉬버(徐波)라고 소개했다. 여기에 온 까닭은 얼마 전 이 숙소에 정치 난민 두 사람이 머물고 있다는 소식을 우연히 접하고 깜짝 놀라 그 길로 달려왔다고 했다. 우리들에게 무언가 자신이 적게나마 도움이 되고 싶다고도 했다. 우리는 동시에 서로의 얼굴을 바라보며 이제 살았다는 안도의 한숨을 쉬었다. 무언가 어둠 속에서 희망의 밝은 빛 한줄기가 그의 얼굴에 비치는 듯했다. 나중에든 생각이지만 만약 그때 우리가 이 쉬버를 만나지 않았다면 어떻게 되었을까? 우리는 분명 지금 이 자리에 없었을지도 모른다. 그만큼 쉬버는 우리에게 소중하고도 특별한 인연이었다.

쉬버는 왜 그런지는 모르겠지만 자기 이야기를 남에게 잘하지 않는 과묵한 사람이었고, 매사 진지했고 신중하게 행동했다. 사람들을 그다지 살갑게 대하는 성격은 아니었지만 시간이 날 때마다 수시로 우리가 머무는 숙소로 와서 불편한 점은 없는지 묻기도 하고, 내가 손으로 쓴 글들을 PC로 옮기고 이것을 인터넷 여기저기에 발표하는 일을 도와주었다. 그는 그저 묵묵히 우리를 돕고 싶어 했다. 그런 그가 나는 정말 고마웠다. 그리고 그는 어떤 사람인지 늘 궁금했었다. 그래서 한번은 쉬버에게 당신은 어떤 사람인지 알고 싶다며 진지하게 물어본 적이 있다. 그때서야 그는 조용히 자신의 이야기를 우리들에게 들려주었다.

쉬버는 중국 남방 지역의 귀주성(贵州省) 귀양시(贵阳市) 출신이라고 했다. 중국에서는 카센터를 했다. 그는 사업을 하면서 중국 사회에 대한 비판의식을 갖게 되었다. 그리고 이런 부조리의 뿌리에 공산당이 있다는 것을 밝히기 위해 책을 출판하려고 했다. 이 책이 바로 '홍색(紅色) 파시즘'이다. 그리고 부제로는 '21세기 중국은 공산당을 거부한다'라고 붙였다. 그러나 그의 원고가 공안에 발각되어 사느냐 죽느냐의 위기에 처하게 되었다. 그래서 하는 수 없이 서둘러 한국으로 탈출하게 되었다. 그렇지만 한국 사회에서도 그를 쉽게 받아들여 주지는 못했다. 홀로 온갖 압박과 고통을 받으며 하루하루 힘겹게 살아가던 중에 우리를 만나게 되어 우리에게 더욱더 뜨거운 동지애를 느꼈다고 했다.

하루는 쉬버로부터 한 통의 전화를 받았다. 우리들에게 꼭 소개해 주고 싶은 사람이 있는데, 그는 현재 <서울조선족교회>의 부목사로 있는 최황규 목사라고 했다. 쉬버가 최 목사를 처음 만난 것은 1999년 12월, 이화여자대학교에서 개최된 <북한인권난민 국제회의>에서 였다. 그는 쉬버의 사정을 듣더니 그 즉시 일면식도 없는 자신을 그의 집으로 데리고 가 보호하고 구명운동을 해 주었다고 했다. 그는 자신들과 같은 처지에 있는 사람들에 대한 깊은 이해와 희생정신을 가진 믿을만한 사람이라고 했다. 우리는 최 목사가 어떤 사람인지 너무 궁금했고 한편으로는 그를 만나게 되는 것만으로도 큰 마음의 위안을 얻을 수 있을 것만 같았다.

나는 최 목사를 처음 만난 날을 어제의 일처럼 생생하게 기억하고 있다. 쉬버와 함께 우리가 간 곳은 <서울조선족교회> 근처의 한 김치찌개 집이었다. 첫인사를 나눈 최 목사는 듬직한 체형에 온화한 미소를 지닌 사람이었다. 그는 쉬버 홀로 힘들게 지내는 적적한 한국 생활에 중국 민주인사가 2명이나 더 와서 친구인 쉬버가 힘이 되리라 생각하는 것 같았다. 최 목사가 쉬버를 따뜻한 눈빛으로 바라보며 말했다.

"이제 선생도 혼자가 아니네요. 동지들이 온 것 아닙니까? 반갑습니다. 한국엔 언제 오셨습니까?"

"11월 하순에 왔습니다"

"고향이 어디 신가요?"

"섬서성입니다. 아시나요? 진시황 병마용이 있는 곳입니다"

"아… 세계적으로 유명한 그 병마용 말씀인가요?"

"예, 집에서 멀지 않습니다. 어릴 때 그곳에 자주 놀러 갔었습니다. 거기에는 측천무후의 무덤도 있고, 당 태종 이세민의 묘도 있는 중국의 고대도시죠."

"정말 멀리서 오셨군요. 그럼 등원비씨도 같은 고향이신가요?"

"네, 함께 왔습니다."

이야기를 나누는 도중에 주문한 김치찌개가 나왔다. 처음 느껴보는 시큼하고 매콤한 향이 나는 뜨거운 음식이었다. 쉬버는 그 음식을 맛있게 먹었지만 우리 두 사람은 첫술을 뜨는 것부터 쉽지가 않았다. 몇 번 맛을 보고는 숟가락을 내려놓자 최 목사가 웃으며 말했다.

"한국인들은 이 김치를 평소에 즐겨 먹습니다. 한국 하면 역시 김치죠. 두 분도 이제 곧 적응이 되실 겁니다."

"아 그런가요? 이런 매운 음식은 생전 처음 먹어 보네요"

나는 매워서 달아오르는 얼굴을 손으로 감싸며 말했다. 지금은 한국음식은 뭐든 잘 먹고 좋아하지만 처음 한국에 와서 가장 적응하기 힘든 것이 바로 이 음식이었다.

그 당시 내 나이는 52세. 음식이든 사람이든 뭐든 적응할 수 있는 나이였고, 마음만 먹으면 언제든지 그렇게 할 수 있을 것이라 믿었었다. 우리는 그날 이후 최 목사와는 자주 만나 속 깊은 이야기를 많이 나누었다. 그는 진심으로 우리들의 이야기를 들어주었고 함께 마음을 나눌 수 있는 좋은 친구가 되어주었다. 사실 최 목사의 주변에서는 우리와 같은 도망자 신분으로 숨어 지내는 사람들을 이렇게 적극적으로 도와주는 일에 관여하는 것을 껄끄럽게 여기고 말리는 사람들도 많았지만, 그는 그 어떤 말에도 아랑곳하지 않는 곧은 사람인 것 같았다.

어느 날 나는 마음이 편해서인지 최 목사와 많은 이야기를 나누었다. 내가 10대에 이미 홍위병 우두머리였고, 학생들을 이끌고 중국 이곳저곳을 누비며 봉건 잔재를 타파하고 불태우며, 지주들을 붙들어 몽둥이세례를 주었던 이야기부터 가족들 간에도 서로 반동이라고 신고하기도 했고, 제자들에게 반동으로 몰려 몰매를 맞은 학교 교장이 수치심에 스스로 목숨을 끊었던 충격적인 이야기들까지 내가 겪은 경험담을 담담하게 들려주었다. 이 모든 이야기를 들으며 최 목사는 몹시 마음이 아픈듯했고, 간혹 슬픈 표정을 짓기도 했다.

긴 이야기를 묵묵히 듣고 있던 최 목사가 근심 어린 표정으로 가만히 말문을 열었다.

"한국에 와서 난민 신청은 했습니까?"

"네 했습니다. 처음에는 프랑스로 망명을 하려고 프랑스 대사관으로 갔었습니다. 그런데 난민 신청은 현지 국가에서만 가능하다고 해서 한국 법무부에 신청하게 되었습니다."

최 목사는 알 수 없는 미묘한 표정을 지었다. 그리고는 힘없이 고개를 끄덕이더니 우리를 쳐다보지 못하고 이내 고개를 떨구었다. 이제야 생각해보니 그때 아마도 마음속으로 이런 생각을 했을 것 같다. '이 사람들도 이제부터 쉬버처럼 힘든 고난의 길을 걷게 되겠구나. 아프고 실망스러운 순간들도 많을 것이다. 이들이 난민에 대한 한국 상황에 대해 아직 잘 모르고 있으니….' 최 목사는 애써 표정을 감추고 얼른 쉬버에게로 고개를 돌려 밝은 미소를 지으며 말했다.

"쉬버 선생, 이제 동지들이 생겨서 좋으시겠습니다."

"네 정말 기쁩니다. 앞으로 내가 두 분을 도와드릴 일이 많을 것 같아요."

"쉬버 선생이 좀 더 빨리 경험한 부분들이 많으니 물론 큰 도움이 되리라 생각합니다. 두 분도 좀 고생이 되더라도 중국을 향한 큰 이상을 가슴에 품고 어려운 결단을 내려 위험을 감수하고 한국에 오신 것이니만큼 힘든 일이 생기더라도 잘 이겨내시고 좋은 성과를 이끌어 내셨으면 좋겠습니다. 저도 미력하나마 힘껏 도움을 드릴 수 있도록 하겠습니다. 힘내십시오."

식사를 마치고 최 목사는 자리에서 일어나 우리들에게 악수를 청했다. 그의 손에서 마음만큼이나 따뜻한 온기가 전해지는 듯했다. 그동안 낯선 곳에서 막막함과 두려움에 떨었던 시간들이 이제는 따뜻한 온기로 온몸과 마음이 감싸이는 것 같았다.

우리는 숙소로 돌아와 앞으로 무슨 일부터 하면 좋을지 설레이는 마음으로 하나하나 계획을 잡아나가기 시작했다. 그리고 그다음 날 바로 <중국민주운동 해외연석회의>(中国民主運動海外聯席會議) 한국지부로 달려가 회원 가입부터 했다. 그렇지만 우리들이 의욕에 넘쳐 뛰어다니는 반면 쉬버는 어느 날부터인가 우리와의 연락이 뜸해지기 시작했고 간혹 만나면 부쩍 말수가 줄어들었다. 우리는 그의 신변에 무슨 일이라도 생긴 건 아닌지 걱정이 되기 시작했다. 그 후 쉬버는 깊은 고뇌의 시간을 겪다가 한국에서 자신의 활동이 현실적으로 어렵다고 판단했는지 대만으로 가고 말았다. 그 후 우리는 좋은 친구를 잃은 마음을 한동안 추스르기가 힘들었다. 그렇지만 앞으로 어떻게든 우리의 힘으로 이 어려움들을 극복해 내 보자고 굳게 다짐을 했다.

2. 한국의 중국 정치 난민 1호

내가 한국으로 온 것은 결국 자유의 나라 한국에서 나의 글, 사상을 마음껏 쓰고 발표하기 위한 것이었다. 나는 서울의 변두리, 중국인들이 많이 모여 사는 가리봉동에 작은 방 하나를 얻었다. 그리고 낡은 책상 위에 딸랑 노트북 하나를 올려놓고 매일 그동안 중국에서는 발표할 수 없었던 글들을 쉬지 않고 거침없이 써 내려 갔다. 그리고 이 글들은 <민주논단(民主論斷)>이나 <북경의 봄>과 같은 인터넷 사이트에 발표하기 시작했다. 한국은 언론의 자유가 있는 곳이라는 걸 실감할 수 있었다. 이것만으로도 나는 한국에 온 의미가 충분하다고 생각했다. 매일매일 감사의 연속이 아닐 수 없었다.

2007년 4월.

나를 포함한 중국의 민주인사 5명이 한국 정부에 난민 신청을 했으나 법무부가 난민인정을 불허한다는 결정을 내렸다. 우리는 이 결정을 받아들일 수 없어서 무료 변론을 요청하기 위해 <서울지방변호사협회>를 찾아갔다. 다행히 조영선 변호사와 연결되었고, 행정소송을 진행할 수 있게 되었다. 조영선 변호사는 평소 사회적 약자와 소외자들의 인권과 권익을 대변하고 옹호해 왔다. 그날로부터 법무부와의 지루한 공방전이 시작되었다.

2008년 11월 14일.

한국의 대법원은 마침내 우리에게 난민 지위를 인정하라는 판결을 내렸다. 이는 한국 최초로 중국 민주인사가 난민 인정이 된 역사적인 사건이었다. 당연히 한국 언론은 대대적으로 이 사실을 앞 다투어 보도하기 시작했다.

맨 처음 이 소식을 접한 사람은 최 목사였다. 그는 교회에서 중국인들과 담소를 나누며 점심을 먹고 있었다. 그의 핸드폰이 울렸다. 전화를 받아보니 다급한 목소리가 들었다.

"저는 KBS1 9시 뉴스 취재기자입니다."

"무슨 일로 전화하셨습니까?"

"지금까지 목사님께서 한국으로 탈출한 중국 반체제 민주인사들을 돕고 계신 것으로 알고 있습니다. 오늘 대법원에서 중국 민주인사의 난민 인정을 확정하라는 판결 소식 혹시 들으셨습니까?”

“네? 그게 사실입니까? 저는 아직 못 들었는데요.”

“조금 전 대법원에서 중국인 5명을 난민으로 인정하라는 확정 판결을 내렸습니다.”

온몸에 전율을 느끼며 최 목사는 그 자리에서 벌떡 일어났다.

“기자님, 그게 사실입니까?”

“네, 목사님. 지금 어디에 계십니까?”

“저는 지금 교회에 있습니다.”

“지금 당장 취재하러 가겠습니다. 중국인 난민 인정은 한국 최초의 대단한 사건입니다. 특별취재를 하러 가겠습니다. 중국 반체제 인사들도 교회로 불러 주실 수 있으신지요.”

“네, 바로 연락해 보겠습니다.”

이렇게 나의 난민 인정 판결은 갑작스럽게 이루어졌고, 최 목사는 떨리는 목소리로 나에게 빨리 교회로 와달라는 전화를 했다. 그리고 교회에서 우리는 만나자마자 서로를 부둥켜안고 승리의 환호성을 질렀다.

그때의 감격은 영원히 내 기억 속에 또렷이 남아있다. 살아오면서 절대 잊을 수 없는 순간들이 있다. 나에게는 이날이 바로 그러하다. 그동안 힘들었던 순간들이 주마등처럼 머리를 스치고 지나갔다. 많은 사람들이 우리에게 “헛고생 하지 마라”, “쓸데없는 짓이다”라고 비웃었다. 그리고 국제 관계, 한국과 중국의 관계를 몰라도 한참 모른다는 조롱과 비아냥도 들어야 했다. 한국에서 중국 민주인사들이 난민으로 인정받는다는 것은 한마디로 하늘에서 별을 따는 것과 같고 나무에서 물고기를 구하는 것과 같다는 이야기를 귀에 못이 박이게 들었다.

이번 난민 인정은 끝이 보이지 않는 어둡고 축축한 터널을 나 홀로 터벅터벅 걷다가 저 멀리 터널 끝에서 환하게 쏟아져 들어오는 햇볕을 만난 것처럼 내 앞날의 희망의 빛을 보는 것 같았다. 최 목사가 덥석 나의 손을 잡으며 힘있게 말했다.

“하나님의 승리입니다. 하나님이 주신 승리입니다!”

내 마음속 깊은 곳에서 큰 울림이 일렁이는 것 같았다. 전화벨은 계속 울렸다.

“MBC 뉴스 기자입니다. 지금 어디 계십니까?”

“SBS 뉴스입니다.”

"YTN입니다."

방송국 차량들이 <서울중국인교회> 앞으로 몰려들기 시작했다. 서울 한 구석의 작은 동네에서는 좀처럼 보기 드문 낯선 풍경에 주변이 술렁이기 시작했다. 지나가던 사람들은 무슨 큰일이라도 났나 궁금했는지 힐긋힐긋 교회 안 여기저기를 기웃거렸다.

한꺼번에 몰려든 취재진들과는 도저히 인터뷰를 진행할 수가 없어 도착한 방송사 순서대로 순번을 정해놓고 바로바로 인터뷰를 시작했다. 그날의 주인공은 바로 나와 등원비였다. 우리는 상기된 얼굴로 취재진들에 둘러싸였고 우리의 한마디 한마디는 기록되어 전국으로 전해졌다. 정말 감격스러운 날이 아닐 수 없었다.

"먼저, 대한민국 대법원에서 공정하고 정의로운 판결을 내려 주심에 깊은 감사와 경의를 표합니다. 외교 관계를 초월해 인도주의적인 정신에 입각하여 판결을 내려 주신 대한민국은 아시아 인민들의 존경을 받을 것입니다."

그날 밤, 이 소식은 톱뉴스로 보도되었고, 다음 날 한국의 모든 일간지 신문 1면에 '중국인 최초로 난민 인정'이라는 제목으로 대서특필되었다.

사실 대부분의 나라들은 중국 민주인사들에 대한 난민 인정을 기피한다. 중국 정부를 은근히 신경 쓰기 때문이다. 대한민국 대법원은 공의로운 잣대로 판결했다. 이것으로 대한민국의 국격을 높였다. 인간의 생명과 인권이 무엇보다 우선이라는 인류 보편적인 정신과 가치가 대한민국에서 판결로 확정된 것이다.

이날 우리는 처음 이곳에 도착했던 순간부터 이 감격스러운 순간이 오기까지의 시간을 몇 번이나 되새기며 뜬눈으로 밤을 새우며 오랜만에 긴 이야기를 나누었다. 앞으로 펼쳐질 많은 일들에 대한 기대와 계획을 이야기하며 두근거리는 미래를 상상했다. 그리고 이곳에 도착하고 나서 우리의 탈출 배경과 과정, 증거들을 어떻게 설명하고 입증할지 막막했던 많은 절박했던 순간들이 떠올랐다.

3. 진술하기 어려운 사상죄

2002년 11월 13일 오후 6시.

나와 등원비는 서울시 경찰청 소속 경찰차를 타고 법무부에 도착했다. 우리가 도착하자마자 낯선 사무실로 우리를 안내했고, 그 안에는 3명의 법무부 직원들이 우리를 기다리고 있었다.

사무실에 나란히 줄 맞추어 배열된 반듯한 책상 위에 컴퓨터 한 대와 사무용품들이 가지런히 놓여 있었다. 실내에는 햇살이 길게 내리비치고 창문은 먼지 하나 없이 맑고 투명해서 하늘의 구름 하나하나까지 선명하게 보였다. 나는 한참을 창밖을 바라보고 있었다. 그러자 누군가가 우리 곁에 다가왔다. 그리고 자신을 법무부의 문 과장이라고 소개하면서, 식사 때가 되었다는 걸 의식해서였는지 컵라면 5개에 뜨거운 물을 부어 하나씩 나누어 주었다. 우리는 점심을 먹지 못하고 급하게 왔던 길이라 허겁지겁 컵라면으로 배를 채웠다. 그러자 여자 통역사가 들어왔고 그때부터 힘겨운 대화가 시작되었다.

처음으로 대화의 문을 연 사람은 자신을 이 담당관이라고 소개했다. 이목구비가 뚜렷하고 피부가 깨끗하고 아름다운 삼십 대로 보였지만 말투에서는 엄숙함이 묻어났다. 그녀는 나를 쳐다보며 또박또박하게 말했다.

"합법적인 여권을 가지고 한국에 들어온 거죠?"

"네…"

나는 힘없는 목소리로 대답했다.

"당신은 아무 문제없이 중국 국경의 안전검사를 통과했다는 말씀이신가요?"

"네 그렇습니다."

"아무런 위험 없이!"

그녀는 혼잣말을 하며 고개를 끄덕이더니 이내 무언가를 확인하려는지 고개를 숙여 자료를 자세히 훑어봤다.

"네…"

나는 어떻게 대답해야 할지 몰랐다.

"그런데, 처음 서울시 경찰서에서 진술할 때는 심천시 국가안전국 사복경찰의 조사와 체포라는 잠재적인 위험이 있었던 것으로 말씀하셨고, 우리 법무부에 난민 신청을 할 때도 같은 이유를 언급했습니다. 하지만 사실상 당신은 안전하고 평화롭게 한국에 들어왔고 이런 상황은 저로 하여금 당신의 난민 신청 동기가 정당한지, 사유가 충분한지 의심을 품게 합니다.”

“여기엔 그럴만한 복잡한 사연이 있습니다.”

내가 이유를 채 말하기도 전에 이 담당관은 통역사에게 내가 경찰서에서 쓴 글을 읽어보라고 했다. 통역사는 나의 진술서를 낭독했다. 그러자 그녀는 낭독이 끝나자마자 이전에 했던 자신의 말의 논리를 다시 이어갔다.

“중국 안전국 사람들이 그 정도로 무능한 겁니까? 제 생각엔 당신이 본인의 여권을 사용했었다면 절대로 중국을 탈출하지 못했을 것 같은데요. 절대 안전심사를 통과하지 못했을 겁니다. 밀항을 한다면 모를까….”

그녀가 ‘밀항’이라는 말을 하면서 말끝을 흐렸다. 나는 ‘밀항’이라는 말을 듣자마자 그녀가 마치 나를 유도 심문하는 것처럼 느껴졌고, 무언가 답답한 마음에 해명을 하고 싶어 옆자리에 앉아 있던 다른 담당관을 바라보았다. 그는 냉담하고 진지한 표정을 지으며 입을 꾹 다물고 나를 바라보고 있었기에 나는 이내 얼굴을 떨구었다.

"그들이 만약 정말로 당신을 잡으려고 했다면 당신은 한국에 올 수 없었겠죠?"

이 말을 듣자 나는 옆에 있던 등원비를 보며 씁쓸하게 웃었다. 그의 눈빛은 나보다도 슬퍼 보였고, 그저 조용히 고개를 저을 뿐이었다. 나는 말했다.

"여권에 적힌 것은 저의 진짜 이름이 맞습니다. 그거 아십니까? 중국에서 글을 좀 써본 사람이라면 이름을 여럿 가지고 있거나 자와 호를 가지고 있기도 합니다. 저 우쩐룽도 이와 같이 이름이 몇 개나 됩니다. 제 이름은 우쩐룽(武振荣)이고, 필명은 진안민(陈安民), 문금부(文锦夫)이며, 호는 장안삼석(长安三石)입니다. 심천시 안전국은 진안민이라는 이름만 알지 진안민이 우쩐룽이라는 사실은 모릅니다. 만약 그들이 알았다면 저는 벌써 중국에서 잡혀 감옥에 들어갔을 겁니다. 그렇게 되었다면 한국 법무부에서 여러분들을 볼 일도 없었겠죠?"

"그렇습니까?"

그녀가 살며시 미소를 짓자 가지런한 새하얀 이가 보였다.

"당신은 시안(西安) 국제공항에서 비행기를 타고 인천공항으로 들어왔나요?"

"네…"

"그러면 심천시 안전국에서 당신을 찾는다는 말은 또 뭡니까?"

"섬서성(陝西省)은 저의 고향입니다. 2000년 8월에 제가 심천에 갔고, 그 일은 제가 심천에 있을 때 일어났습니다. 저는 이 일로 그 자리에서 체포되어 죽을 수도 있겠다는 두려운 마음으로 심천시에서 함양시(咸陽市)로 도망쳤습니다. 아마 심천시 안전국 사람들은 진안민이라는 이름만 알 뿐, 성이 무엇인지 알지는 못했을 겁니다. 만약 안전국에서 진안민이 섬서성 사람이라는 것을 알았다면 저는 빠져나올 수 없었을 테죠!"

"듣고 보니 일리가 있네요. 법무부에서 요구하는 것은 당신이 진술한 내용의 사실 여부이지 꼭 논리적인 것을 따지자는 것은 아닙니다. 이해하시겠죠?"

"네, 알겠습니다!"

나중에서야 나는 한국 법무부 사람들이 중국 사람들을 잘 신뢰하지 못하고, 좋지 않은 인상을 가지고 있다는 사실을 알게 되었다. 일부 중국 사람들이 한국에 돈을 벌기 위해 법무부에 신분을 위조하여 거짓 정보를 알려주어 일 처리에 혼선을 주고 있었던 것이다. 그러니 법무부 담당관들이 우리를 의심하는 것은 이상한 일이 아니었던 것이다.

4. 진안민 사건

2000년, 나는 아내와 함께 일자리를 찾기 위해 섬서성 함양시의 집을 떠나 기차를 타고 심천시에 도착했다. 그때까지만 해도 우리는 안전국 사람들에게 잡힐지도 모른다는 생각은 추호도 하지 못했다. 내가 그들에게 붙잡히지 않은 것은 정말 천만다행이었다.

나는 그때 당시 51살이었다. 법규정상으로는 퇴직할 나이는 아니었지만, 그 당시는 일거리는 모자라고 사람은 넘쳐나던 시절이라 나는 이미 6년 전에 '명예퇴직'을 했다. 일을 쉬고 집에서만 빈둥거리는 것도 하루 이틀이지 어떻게 해서든 일자리를 잡고 싶었다. 당시의 심천은 나처럼 계속해서 내륙 지역에 살아왔던 사람들에게는 마치 마법 같은 매력을 지닌 곳이었다. 상상했던 대로 심천은 마치 다른 세상처럼 수많은 건물들이 땅 위로 우뚝 솟아 빽빽이 늘어서 있는 모습이 생소하지만 인상적이었다. 제각각 다른 형태의 건축물들이 웅장하면서도 질서 정연하게 우뚝 솟아있어서 매일 보아도 지루한 느낌이 들지 않았다. 도로는 깔끔하고 넓었으며, 도로 양쪽에는 꽃과 나무들로 가득 채워져 있었다. 그리고 그 길을 멋들어지게 잘 차려입은 청년들이 누비고 다녔고, 저녁이 되면 화려한 네온사인 불빛들과 가로등들이 아름답게 도시를 수놓았다. 그곳에 머무는 동안은 마치 꿈속이라는 착각이 들 정도로 환상적이었다.

나는 복전구(福田)의 어느 한 작은 PC방 카운터에서 일을 했고, 그 일은 꽤나 내 마음에 들었다. 자리에 가만히 앉아 PC방을 관리하는 일은 그다지 어렵지 않았고 편안했다. PC방의 규모는 별로 크지 않아 세 칸의 방을 이어 만든 공간에 50여 대의 컴퓨터를 두는 정도였다. 당시에는 수납과 등록 작업들을 모두 직접 해야 했기 때문에 손님이 많을 때는 정신없이 바빴지만, 손님이 적을 때는 할 일이 거의 없었다. 매일 반복적이고 무미건조한 생활 속에서 2년이라는 세월이 빠르게 흘러갔다.

2002년 2월 17일.

나는 이날을 결코 잊을 수 없다. 나는 그동안 남몰래 숨어서 써온 원고들을 정리했고, 아내와 자식들 몰래 '진안민'이라는 이름으로 홍콩 상무(商务)출판사에 다음과 같은 내용의 편지를 보냈다.

안녕하세요.

저는 진안민이라고 합니다.

십여 년 전 저는《육육운동논설(六六運動論說)》이라는 제목의 학술적 성격이 강한 책을 썼습니다. 하지만 중국에서 이 책을 출판하는 것이 불가능하여 귀 출판사를 통해 출판 기회를 얻고자 합니다.

사실 이 책은 중국의 <문화대혁명>에 적극 참여한 저의 경험을 바탕으로 한 '문화대혁명의 관점과 견해'를 제시한 책인 것입니다. 저는 <문화대혁명>이 모택동이 말한 '독재 정치에 의한 무산계급 운동'이 아니며, 등소평이 말한 '전국적인 사회 대파동'도 아니라고 생각합니다.

이는 '중국인민대중' 사이에 벌어진 '자기 자신을 해방'하고 '자기 자신을 교육'하는 합법적인 운동이었다고 생각합니다. 이는 '위로부터 아래로'의 각 계급 공산당 당권파를 무너뜨렸고, 인민들을 광범위하게 해방시켰기 때문에 이 운동의 성질은 민주적이며 자유로웠습니다.

<문화대혁명>과 구별하기 위해 저는 <육육운동>이라는 개념을 새로이 제시하고자 합니다. 만약 이 책이 나온다면 사회적인 큰 반향을 일으킬 수 있을 것이라 생각됩니다. 이 책에 관심이 있으시다면 심천시 복전구의 비룡PC방으로 답장을 보내 주시기 바랍니다.

당시의 나는 얼마나 바보스러웠던가! 이렇게 홍콩의 출판사로 편지를 보내고 나서 27일 동안이나 애타게 답장을 기다렸지만 기다리던 답장은 끝내 오지 않았다. 그 대신 나는 생각지도 못한 사복경찰들을 맞이해야 했다.

2002년 3월 14일 오전 9시.

검은색 점퍼에 검은색 양복바지, 검은색 가방을 옆구리에 낀 한 중년 남성이 내가 당직을 서고 있던 PC방으로 성큼성큼 걸어 들어왔다. 그의 뒤를 따라 들어온 2명은 복전구 경찰복을 착용한 경찰이었다. 앞장선 그는 실눈을 뜬 채 PC방을 한 바퀴 휙 둘러 보고 나서 나를 발견하더니 고개를 살짝 숙이며 나와 인사를 나누고는 곧장 머리부터 발끝까지 나를 한 번 훑어보고는 큰 소리로 말했다.

“가서 사장님 나오라고 해.”

나는 이런 시건방진 사람을 별로 좋아하지 않는다. 경찰을 2명이나 거닐고 다닐 정도면 아마도 직위가 높은 사람일 테지만 나는 개의치 않은 듯 무표정한 얼굴로 그를 힐끗 흘겨보고는 말없이 카운터 뒤쪽에 있는 방으로 들어가 사장님에게 밖에 경찰들이 왔으니 무슨 일인지 나가보라고 했다.

PC방 사장의 성은 범 씨였고 하얗고 고운 살결에 늘 은백색의 안경을 끼고 있어 점잖은 느낌을 주는 사람이었다. 사장은 공손한 말투로 그 사람들과 인사를 나누고 여기에 온 목적이 무엇인지 묻는 것 같았다.

한 30분쯤 지났을까 사장이 내가 있는 방으로 돌아와 이제 일하러 나가도 좋다고 말했다. 나는 대체 무슨 일이냐는 별 뜻 없이 묻는 말에 가볍게 대답하는 사장의 말에 나는 소스라치게 놀라 그 자리에 온몸이 굳어버리는 것 같았다. 방금 왔던 사람은 심천시 국가 안전국의 과장인데 ‘진안민’이라는 사람을 찾으러 왔다는 것이었다. 사장은 나에게 혹시 그런 사람을 아냐고 물었다. 나는 애써 태연한 척하며 모른다고 말했다. 사장은 이어서 말했다.

"인터넷 접속 기록을 찾아봤는데 그런 사람이 접촉한 사실이 없는 걸 확인하고는 그냥 돌아갔네. 아무 일도 아니니 그냥 나가서 하던 일이나 하게나."

사장도 아무 눈치를 못 챈 듯 하던 일을 계속하는 걸 보고 나서야 나는 가슴을 쓸어내렸다.

그들로부터 '진안민'이라는 세 글자를 듣자마자 나는 불안에 휩싸였지만 겉으로는 그들이 눈치채지 않도록 아무렇지 않은 척을 해야 했다. 순간 나는 내가 큰 위험에 처했다는 사실을 알게 되었다. 이 일을 어떻게 처리하면 좋을지 몇 번이나 나 자신에게 물어보았다. 이번엔 어떻게 운 좋게 피할 수 있었지만 다음엔 장담할 수는 없지 않은가?

점심시간이 되자 아내는 내가 제일 좋아하는 만두와 고추기름을 가져왔다. 평소 만두라면 사족을 못 쓰는 나였지만 그날만큼은 그 부드럽던 만두피가 마치 밀랍을 씹는 듯 거칠고 질겨 목으로 잘 넘어가질 않았다. 문득 이제부터 불행한 이야기가 시작될 것 같은 느낌이 들었다.

식사를 마치고 얼마 지나지 않아 오전에 찾아왔던 3명이 다시 PC방을 찾아왔다. 또 한 번 폭풍 같은 긴장감이 돌기 시작했다. 과장이라는 사람이 갑자기 내 앞에 털썩 앉더니 2차 조사를 시작하겠다고 했다. 1시간 반이나 걸린 이 조사는 너무나 길게 느껴졌다. 그들은 나에 대한 이야기를 했지만 다행히 아직까진 내가 진안민이라는 사실은 모르는 듯 했고 누구도 내게 의심의 눈길을 보내지 않았다.

경찰들이 돌아가자 사장은 내게 그들이 가져온 편지 사본의 일부를 불쑥 내밀며 읽어보라고 했다. 그 편지를 읽으면서 나는 그 자리에서 완전히 넋이 나가 버렸다. 왠지 이 일이 쉽게 넘어갈 일이 아니라는 사실을 느꼈고 더 이상 벗어나기 힘들지도 모른다는 생각에 크게 낙담했다. 진안민이 홍콩에 있는 출판사에 편지를 보내 자신이 쓴 반동사상 책을 출판하겠다고 했고, 지금 홍콩 측의 답신을 기다리고 있다는게 공안이 찾아온 이유라는 것이다.

사장이 조용한 목소리로 말했다.

"혹시 진안민이 우리 PC방에 올지도 몰라. 만약 그가 오면 우린 진안민이 눈치채지 않게 조심하고 몰래 경찰에 신고

해야 해. 알았지? 국가 안전이 달린 일이니 만약 잘못된다면 우리 모두 책임을 피할 수 없을 거야!"

사장은 진지하게 나에게 말했고, 다행히 조금도 나를 의심하지 않는다는 걸 확인할 수 있었다.

내 필명이 블랙리스트에 등록되어 있는 한 앞으로 이런 위험들은 수시로 닥쳐오게 될 것이다. 이 사건으로 인해 심천은 갑자기 더 이상 내가 머무를 수 없는 불안전하고 두려운 도시가 되어 버렸다.

사건 이튿날, 즉 2002년 3월 15일 아침, 나는 심천을 떠나 다시 함양으로 돌아왔다. 안전을 고려하여 나는 곧장 집으로 돌아가지 않았고, 나의 친구 등원비가 미리 약속했던 대로 나를 데리러 기차역까지 마중 나와 주었다. 나는 일단 등원비의 집에서 한동안 지내기로 했고 등원비는 아내와 다른 곳에서 지내게 되었다. 중국에서 안전국 사람들의 눈에 띄게 된다면 어떤 일이 벌어질지 상상도 할 수 없는 것이다. 그 누가 그들을 두려워하지 않을 수 있겠는가? 나는 너무 무섭고 두려웠다. 감옥이 두려운 게 아니라 내가 그동안 온갖 고통을 감수하며 힘겹게 써온 30권의 책, 약 800만 자가 모두 허사가 되고 마는 것이 두려웠다. 만약 그렇게 된다면 나는 미치고 말 것이라는 극단적이 생각까지 들었다.

등원비의 집은 6층으로 된 빌라였다. 이 집은 위하강(渭河)의 북쪽에 위치하고 있어 창문을 열면 바로 위하강을 볼 수 있었고, 강 양측에 지어진 들쭉날쭉한 주택들은 꽤나 운치가 있어 보였다. 하지만 집안에는 나 혼자뿐이었고 나와 가장 친하게 지내온 등원비까지도 속여야만 하는 것도 괴로운 일이었다. 2주가량 그곳에서 은둔생활을 하다가 섬서성 장무현(长武县)에 살고 있는 친구 관지민(关智民)에게 연락하여 내가 잠시 머물 숙소를 구할 수 있는지 알아봐달라고 하였다.

이튿날 오전 일찍 관지민이 왔다. 나는 이들에게 그동안 있었던 이야기를 했고, 중국은 이제 위험하니 이곳을 탈출할 계획을 의논했다. 이후 나와 관지민은 이곳보다는 좀 더 안전한 장무현의 시골에 있는 한 친구 집으로 가게 되었다. 그 집 식구들은 구덩이 형태로 된 토굴집에서 살고 있었다. 주인집엔 3개의 토굴이 있었고, 나를 가장 좋은 토굴에 묵게 배려해 주었다. 방안 사방의 벽에는 알록달록한 벽지들이 붙어 있었고, 창문엔 흰 창호지를 붙이고 그 위에 손수 만든 장식들이 붙어 있었다. 토굴 안의 장식은 단순해서 깔끔한 느낌을 주었고, 주인은 손님들을 위해 방안을 깨끗하게 정리해 두었다.

집주인은 나에 대해서 아무것도 몰랐다. 나를 '도시에서 온 작가' 정도로만 알고 있었고, 도시의 소음을 피해 조용한 시골로 내려와 글을 쓰러 왔기 때문에 방해받는 것을 싫어하는 사람으로 생각했다. 집주인은 장씨 성을 가진 50대의 전형적인 북오현(北五县) 지역의 농민이었다. 삼대가 함께 사는 적지 않은 식구들이 모여 살고 있는 곳이었지만 모두들 나에게 친절했고 매사 배려심 있고 따듯하게 대해주어서 거기에서 지내는 동안 나는 아주 편안하고 만족스러운 생활을 했다.

인적이 없는 한밤중, 칠흑같은 어둠 속에서 이 낯선 토굴집에서 억지로 잠을 청하려고 할 때마다 내 머릿속에는 지금껏 지나간 일들이 주마등처럼 계속해서 맴돌았다. 《절묘한 연극》을 집필했던 때의 위험, <육육운동논설>때 함양시 국영 목화 공장 제1 공장에서의 '대자보 사건', 그리고 심천시 국가 안전국의 조사를 받았을 때의 기억이 자주 떠올랐고, 그때마다 하루빨리 가족들 몰래 이곳을 탈출을 하지 않으면 안 되겠다는 생각이 더욱더 굳어져 갔다.

5. 탈출을 결심하다

장무현 토굴집에서 머물렀던 2주 동안 나는 중대한 결정을 내렸다. 빨리 어딘가로 도망을 가자. 3월의 장무현은 여전히 추위에 휩싸여 있어 마치 이곳의 겨울은 영원히 끝나지 않을 것 같아 보였다. 따뜻한 토굴집 온돌방에서 나의 사상은 불처럼 활활 타올랐고 그 열기로 나의 얼굴은 늘 붉게 물들어 있었다. 저녁 무렵이 되면 나는 살며시 동굴 밖으로 나가 토굴집 위에 서서 정면에서 불어오는 차가운 바람을 맞곤 했다. 이렇게라도 몸과 마음을 식혀야 살 수 있을 것 같았다.

이곳은 정말 심천이나 함양과는 너무나 다른 느낌이 들었다. 하늘이 더 가까워서 손을 뻗으면 별을 잡을 수 있을 것만 같아서 자꾸 손을 하늘 위로 뻗어보곤 했다. 장무원의 사방으로 뻗은 계곡을 한밤중에 가만히 쳐다보고 있으면 마치 요괴나 괴물들이 그 속에 숨어 있다가 불쑥 나타날 것만 같아서 섬뜩할 때가 많았다.

장무현에 오게 된 그 날부터 나는 일기를 쓰기 시작했다. 뭔가 기록을 남겨야겠다는 생각들로 머리가 꽉 차 있었다. 2002년 3월 20일부터 시작된 일기는 지금까지도 계속되고 있다. 그러다 보니 그 일기의 양이 노트 11권에 달할 정도로 방대하다. 몇 년 전에 내가 최 목사에게 그동안 써온 일기장들을 한번 보여준 적이 있다. 그러자 최 목사는 엄지손가락을 치켜세우며 감탄하면서 말했다.

"정말 대단합니다. 우 선생, 이 책들을 잘 보관해야 합니다. 나중에 아주 소중한 기록이 될 것 같습니다."

지금 내가 글을 쓸 때 기록한 시간들은 거의 모두가 정확하다. 그건 모두 모든 사건과 일상들을 상세히 기록한 이 일기 덕분일 것이다.

다시 그 시절로 돌아가서, 그 무렵 나는 어차피 가족을 중국에 두고 떠나야만 했기 때문에 가족들과의 접촉을 가능한 한 피하고 대신 등원비와 관지민을 통해 차일피일 내가 가족들에게 돌아가지 못하는 이유나 핑계를 대면서 시간을 벌고 있었다. 그러다 아내가 더 이상 이 상황을 견딜 수 없었는지 마지막 통화에서는 냅다 화를 내며 소리를 질렀다.

"당신은 우리 집에서 죽은 사람이나 다를 것이 없어. 여기서 가족들은 먹고사느라 다들 바빠 죽겠는데 당신은 한량처럼 집안에 틀어박혀 뭐 하는 거야. 정말 이 세상에 당신처럼 이기적인 사람은 없을 거야!"

심천 집에서 오는 온갖 압박을 막기 위해 등원비와 관지민은 정말 최선을 다해 주었다. 한번은 내가 많이 아프다고도 했다가, 한번은 일이 생겨서 도저히 갈 수 없다는 핑계들을 대기도 했다. 아내의 실망은 점점 커져가는듯 하더니 시간이 지나자 점차 더 이상 돌아오라는 말도 하지 않게 되었다.

4월 초순, 이제는 시간도 많이 지나서 나에 대한 소문도 잠잠해졌을 것이고 다른 사람의 집에서 너무 오래 신세를 지는 것도 좋지 않다고 생각한 등원비와 관지민은 고향 집에 가서 동태를 파악하고 돌아왔다. 그리고는 이제 돌아가도 아무 문제가 없을 것 같다며 나를 안심시켰다. 마침내 나는 2년 만에 다시 집으로 돌아왔다.

그 날부터 11월까지, 7개월 동안 나와 친구들은 우리 집에서 비밀스럽게 많은 이야기를 나누었다. 그리고 우리는 11월 중순에 중국을 떠나기로 결정했다. 탈출을 위한 모든 준비 작업은 일사불란하게 진행되었다. 두 친구들에 비해 자금이 조금 여유로웠던 내가 모든 비용을 부담하여 여권을 발급받았다. 그렇지만 모두 함께 가기로 했던 처음 계획과는 달리 관지민은 두 자식이 아직 너무 어려서 가족을 남겨두고 홀로 떠나는 것을 너무 마음 아파해서 나와 등원비만 떠나기로 최종 합의하였다.

나는 민주화운동의 영웅도 아니고, 과학자나 학자와 같은 유명인사도 아니다. 그저 평범한 존재일 뿐이다. 내가 아무리 나 자신을 깨어있는 사람이라고 생각하더라도 대중들은 내가 쓴 글을 보지도 못했으니 내가 하는 말들은 그저 나의 독백일 뿐이다. 그리고 내가 출국하면서 가져갈 수 있는 것은 내가 쓴 글이 아니라 내 머리 속에 담긴 '사상'뿐이었다. 그렇기 때문에 사람들에게 나의 '사상'을 설명하는 것은 어려운 일이라서 이 '사상'을 글로 잘 정리하는 것을 앞으로 내 삶의 과제로 삼기로 했다.

그리하여 나는 서둘러 《도망자의 진술》, 《망명자의 서문》 등의 글을 써서 당시 국제 연합 인권 책임자인 로버트슨 부인, 주중 미국대사, 국제 연합 사무총장, 푸틴 대통령에게 보낼 편지의 초안을 썼다. 그 외에 내 기억들을 되짚어 내가 이전부터 써왔던 원고들의 제목과 대략적인 연도들을 적어놓았다.

2002년 8월 25일

나는 위에서 말한 내용들을 정리하여《나의 사상 범죄의 기록 그리고 나의 문학 생활》이라는 제목을 붙여 일기장에 담아두었다. 이 일기장은 한국으로 도망 나올 때 안타깝게도 가지고 나오질 못했는데 훗날 다른 사람에게 부탁하여 한국으로 가져올 수 있었다. 이후 많은 글들을 집필하고 발표하는데 이 일기장은 큰 도움이 되었다.

1974년 4월, 첫 번째 원고를 마쳤을 때, 나는 내가 범죄를 저질렀다는 사실을 깨달았다. 내가 저지른 죄는 '정치적인 죄'가 아닌 '사상죄'이다. 그러므로 내가 지은 죄는 중세기적인 의미의 죄이지 현대적인 의미의 죄가 아니다. 현재의 사상죄는 이미 법률 체계에서 도태되었다. 비록 <중화인민공화국 헌법>, <중화인민공화국 형법>, <중화인민공화국 형사소송법>에서 사상죄라는 조항은 찾을 수 없지만, 이는 중국에서 공공연히 존재하는 죄이다. 사상죄는 대부분의 법정 판결에서 자주 들을 수 있는 죄이며, 심지어 오늘날 사상죄로 인해 처벌받는 사람들은 셀 수 없이 많다.

우리 둘 다 중국을 떠나 다른 나라로 가는 것이 첫 경험이라 그 나라에서의 입국심사가 굉장히 엄격할 것이라 예상했다. 얼마나 걱정을 하고 긴장을 많이 했던지 등원비는 출국하기 삼일 전부터 잠을 이루지 못해 밤을 꼬박 새우다시피 하였다. 그런 덕분에 무사히 한국에 도착하자마자 몇 날 며칠을 깊은 잠에 빠질 정도였다. 반면에 나는 피곤했지만 마치 뜨거운 가마 속의 개미처럼 잠시도 가만있질 못하고 안절부절 사방을 돌아다녔다. 서울 영등포의 한 여관에서 우리가 중국에서 어떻게 한국으로 도망쳐 나오게 되었는지 탈출 과정 하나하나를 마치 영화의 필름을 돌려보듯 떠올리며 흥분과 긴장감에 치를 떨었다. 그러다 충동적으로 가방에서 펜을 꺼내 중국 심천 안전국에 편지를 썼다. 보낼 수 있을지 없을지도 모를 편지를…．

심천 안전국 왕 과장님

안녕하십니까!

저 우쩐룽은 당신이 그렇게나 애타게 찾던 '진안민'입니다. 저는 때로는 '문금부'라는 필명을 사용하기도 합니다. 한 사람이 여러 이름을 가지는 우리의 풍습이 저를 이렇게 두 번이나 큰 위험에서 벗어나게 해주었으니 얼마나 다행이고 감사한지 모르겠습니다.

실은 그날 저는 왕 과장님과 두 번이나 만났지만, 과장님은 저를 전혀 의심하지 않았습니다. 그래서 더 감사하고 앞으로 저 진안민은 영원히 중국에서는 찾지 못하게 되실 겁니다.

저는 아시다시피 당신이 궁금해하던 그 문제의《육육운동논설》의 저자입니다. 사실 제가 이 책을 완성할 때 저는 중국 인민해방군의 정치 교관이었습니다. 저는 <문화대혁명>에 대한 미천한 제 견해를 사람들에게 알리고 싶었을 뿐인데 과장님께서 직접 PC방까지 찾아오셔서 저를 잡으려고 할 만큼 문제가 될 것이라고는 꿈에서도 생각하지 못했습니다. 정말 저 때문에 고생이 많으셨습니다. 저는 이 원고를 과장님께 보내드리고 싶습니다. 과장님께서도 한번 읽어보셨으면 좋겠습니다. 얼마나 재미있을지는 장담하지 못하겠지만 그동안 읽으셨던 잘 알려진 사상책들 보다는 지루하지는 않으실 겁니다. 읽으실 때 혹시나 이해하기 어려운 점이 있다면 기꺼이 알려드리고도 싶습니다.

마르크스는 '당신이 생각하고 싶은 대로 생각하고, 생각하고 있는 모든 것을 말 할 수 있는 것은 행복한 일'이라고 하지 않았습니까? 우리 중국은 마르크스주의의 통제 하에 있습니다. 저는 '내가 생각하고 싶은 것들'을 '쓸 수 있는 것'에 대해 행복하지 않았기 때문에 어쩔 수 없이 중국을 도망쳐 나왔다는 점을 깊이 이해해주시면 좋겠습니다!

2002년 11월 16일 서울시 영등포구에서 우쩐룽 올림

나는 북받치는 마음을 진정시키며 단숨에 편지를 썼지만, 한동안 그 자리를 떠나지 못하고 깊은 생각에 잠겼다. 결국 이 편지를 중국으로 보내지 못하는 현실과 마주할 수밖에 없었던 것이다. 이 글로 인해 돌아올 가족들의 고통을 생각하니 차마 발길이 떨어지지 않았다. 그제야 중국에 남겨진 가족들에 대한 걱정이 조금씩 밀려들기 시작했다.

6. 다시 법무부 난민실

우리가 양천구 법무부에 도착했을 때, 11월이라 날씨는 무척 추웠지만, 햇빛이 따스하게 내리비치고 있었다. 풀로 뒤덮인 언덕 위에 이름 모를 나무와 화초들이 우리를 맞아주어서인지 마음은 이상하게도 편안했다.

6층짜리 법무부 빌딩 외관은 뭔가 기품이 있게 보였다. 빌딩 앞엔 말끔하게 다듬어진 아기자기한 화단이 있었고 한쪽엔 용처럼 구불구불하게 자라난 보기 좋은 소나무가 심겨 있었다. 인공적으로 다듬어진 나무지만 야성을 간직한 채 자라난 듯했다. 빌딩 좌측에는 작은 주차장이 있었고 우측에는 포도나무 가지로 휘감긴 그늘 아래 벤치들이 있었다. 벤치에 앉아 있으니 드문드문 법무부 차 안에서 수갑을 찬 채로 슬픈 표정의 불법체류자들이 줄지어 나왔다. 이들 대부분은 중국인인듯했다. 불법체류자들은 경찰의 지시에 따라 옥상에 있는 보호소로 들어갔다. 이런 장면들이 눈 앞에 펼쳐지자 갑자기 우울한 감정들이 밀려왔다.

나와 등원비는 그동안 면담을 위해 4층에 마련된 조사실을 여러 차례 방문하였다. 그때마다 유영삼이라는 통역사가 늘 우리와 함께해주었다. 유 선생은 용모도 단정하고 늘 활기차고 은은한 은색의 안경을 끼고 있어 대화를 나눌 때 기품이 느껴지는 사람이었다.

법무부는 심천에서 일어난 진안민 사건과 섬서성 서안 국제공항에서의 비행기 탑승 전후 맥락에 대해 여러 번 우리에게 확인을 했다. 우리는 모든 것들을 솔직하게 말을 했지만, 진실 여부는 그들의 분석과 판단에 의해 결정될 것이라는 것을 우리는 알고 있었다.

담당관들이 우리에게 무언가 질문을 할 때는 냉정하고 차가운 느낌이 들지만 진술이 끝나면 항상 옅은 미소를 지으며 말했다.

"우 선생님, 이것들은 모두 당신이 진술한 겁니다!"

하고 부드러운 말투로 확인을 하곤 했다.

"저희는 당신들이 진술한 모든 것을 여기 기록했고, 이것들이 허위사실이 아니기를 바랍니다."

"네, 절대 거짓말이 아닙니다!"

나는 항상 단호하게 대답했다.

"네, 그게 바로 저희가 원하는 것입니다."

그녀도 항상 단호하게 말했다.

"저는 제가 법무부에서 진술한 모든 내용이 모두 진실임을 보장합니다. 저는 중국이 민주화가 되는 그날이 빨리 오기를 간절히 바라고 있습니다. 저는 여기서 진술한 모든 것을 많은 중국인에게도 들려주고 싶습니다. 나의 후손들이 지금 중국의 정치인들이 얼마나 심각한 과오를 저지르고 있고, 자유와 민주를 쟁취하는 것이 힘들지만 얼마나 중요한 일인지 알게 하고 싶습니다."

"당신의 학력은 어떤가요? 어떤 학교를 나오셨는지 궁금합니다."

"중학교 교육을 받았고 다른 교육을 받은 적은 없습니다. 제가 중학교 밖에 다니지 못한 것은 <문화대혁명>때에는 중국 대륙 전체의 모든 고등학교와 대학들이 문을 닫았기 때문입니다. 그래서 학교에 갈 수가 없었던 겁니다."

"중국에서는 어떤 일을 하셨습니까? 전업 작가셨나요?"

"아니요. 중학교를 졸업하고 군대에 갔습니다."

"아… 그럼 인민해방군이셨나요?"

"네"

"해방군이셨다면 어떤 위치셨는지요?"

"막 입대했을 때는 병사였고, 2년 후에 반장이 되었고, 그리고 2년 후에 군대 간부가 되었습니다. 소대장, 대리 간사, 차관 정치지도원, 중대 정치지도원, 부대 정치 교원이었습니다. 행정 등급은 22급입니다."

"계속 해방군에 계셨고, 그 이후에는요?"

"1986년 해방군에서 전업하여 지방으로 내려와 섬서성 기계연구소로 배정되어 정치사상 간부직을 맡았습니다. 그리고 1996년 명예퇴직을 했습니다."

"퇴직 후에 다른 일은 하지 않으셨나요?"

"네. 다른 일은 하지 않았습니다. 집에서 쉬면서 책을 썼습니다."

담당관은 질문과 동시에 대화의 내용을 컴퓨터에 기록했는데, 그 타자 속도는 정말 감탄할 정도로 빨랐다.

"당신이 썼다는 책이 30권, 글자 수로는 800만 자라고 하셨는데 이것은 어떻게 통계를 내신 겁니까? 그냥 추측이신

건지요?"

"아닙니다. 추측이 아니라 통계입니다. 저는 컴퓨터로 글을 쓸 줄 모릅니다. 저와 같은 시기에 글을 쓰는 사람들은 원고지를 씁니다. 원고지는 600자, 500자, 300자로 규격이 있고, 한 묶음당 약 100페이지이기 때문에 쉽게 글의 양을 알 수 있습니다. 한 묶음의 500자 원고지를 쓰면 따로 셀 필요 없이 5만 자라는 것을 금방 알 수 있죠. 그래서 저는 이런 방법으로 800만 자라는 것을 통계해낸 것입니다."

이번 면담은 의심으로 가득한 질문에 답하며 불안한 마음이 사라지지 않았다. <문화대혁명> 그리고 나의 '사상'들에 대해 설명할 때 뭔가 풀리지 않는 문제들이 자꾸 꼬리에 꼬리를 무는 듯한 느낌을 받았다.

"당신은 오늘 면담에서 <문화대혁명> 중 당신의 사상에 대해 중점적으로 많은 말씀을 해주셨지만, 솔직히 저는 이해가 잘 되지 않습니다. 법무부는 사상을 판단하는 기준이 없기 때문에 사상에 관해서 더 이상 많은 질문을 드리고 싶지는 않습니다. 다만 당신이 중국을 탈출하여 이곳 한국으로 도망치게 된 배경은 사상에 인한 것이고 우리가 판단해야 할 부분은 당신이 가진 사상이 얼마나 위험한 부분인지 판단해야 하기 때문에 어쩔 수 없이 당신의 사상에 대해 물어 보아야 한다는 것을 이해해주시기 바랍니다."

"네… 그 점은 제가 잘 이해하고 있습니다."

나는 고개를 끄덕이며 대답했다. 그 이후에도 나의 사상에 대한 심도있는 질문과 대답이 꽤 긴 시간 오고갔다. 법무부 면담에서 나는 점점 지쳐가고 있었고, 마치 끝이 보이지 않은 길을 걸어가는 것만 같았다.

법무부 정문을 나설 때 나의 심정은 몹시 착잡했다. 법무부에서 한국 사람들이 알아듣지 못할 말들을 횡설수설하진 않았는지 여러 가지 내가 한 말들을 떠올리며 왜 그런 말을 했을까 후회가 되기도 했다. 거기까지 생각이 들자 갑자기 얼굴이 붉어지고 뜨거워지는 것이 느껴졌다. 등원비는 나의 안색을 살피더니 뭔가 위로의 말을 건네야 할 것 같다고 생각했는지 나지막한 목소리로 말했다.

"오늘 한 이야기들은 중국 사람들도 이해하기 힘들 텐데 더군다나 한국 사람들은 어떻겠습니까?"

나는 그의 말을 듣는 둥 마는 둥 내 생각에만 빠져 스스로를 자책하며 괴로워하며 말했다.

"너무 창피하다. 중국에서 글을 써온 30년 동안 단 한 글자도 출판하지 못했는데 한국에서 이런 변명들을 늘어놓아야 하다니, 참으로 국제적인 망신이 아닐 수 없구나."

그 순간 나는 나에 대한 아내와 아들딸들의 원망, 친구들과 직장 동료들의 책망이 귀에 선하게 들리는 듯 했다. 그리고 마침내 그냥 지금이라도 당장 법무부 옥상으로 달려가서 뛰어내려 죽어버리고 싶다는 생각까지 들기 시작했다. 그리고 마치 내가 투신하는 장면이 눈앞에 생생하게 펼쳐지는 것 같이 상상이 되었다.

'과연 지금 저기서 뛰어내린다면 당장 죽을 수 있을까? 당장 죽을 수만 있다면 가치 있는 도전일 테지만, 만약 즉사하지 못하고 살아남는다면 또 얼마나 처참할 것인가?'

"571번 버스가 왔으니 이제 그만 고민하고 빨리 탑시다!"

등원비가 나의 등을 밀며 나의 이 헛된 생각을 중단시켰다. 그 후로도 이 날의 면담이 나를 종종 괴롭혔지만 힘겹게 지금까지 견뎌온 시간들이 언젠가는 보상받는 날이 올 것이라는 희망을 갖기로 했다.

7. 중국에 숨겨둔 비밀 원고

2002년 말, 우리가 다시 법무부에 갔을 때는 이상하게도 예전보다 분위기가 많이 바뀌어 있었다. 법무부 사람들은 매우 친절했고, 심지어 면담할 때 사탕, 귤 그리고 차까지 준비해 주었다. 면담이 끝나고 집으로 돌아오면서 우리는 앞으로 우리에게 어떤 상황이 펼쳐질지 예측을 해 보기도 하고 모든 상황들을 낱낱이 분석을 해보기도 했다.

2003년 2월 2일.

등원비가 나에게 중국으로 몰래 사람을 보내 우리가 탈출하기 전에 비밀리에 숨겨두었던 원고들과 일기장을 가져오는 것이 어떻겠냐는 제안을 했다. 중국을 탈출하기 전에 우리는 '위험하니 종이 한 조각도 들고 나가지 말자'라는 원칙을 세우고 빈손으로 한국으로 도망 나왔었다. 하지만 이런 사상적인 도망을 했음에도 불구하고 이를 뒷받침해줄 만한 글 한 줄 없다는 것이 얼마나 공허한 일이란 말인가? 그래서 나는 할 수만 있다면 어떤 수단과 방법을 다 써서라도 중국에 숨겨둔 원고를 찾아와 법무부에 증명하고 싶었다. 그래서 우리는《육육운동논설》,《위대한 시대에 대한 회상과 이해》,《육육학설대강의》 등의 원고들과 일기장을 가져오기로 결심했다. 왠지 등원비에게 이 일을 맡기면 반드시 완수해낼 수 있을 것이라는 생각이 들었다. 그만큼 등원비는 처세술에 능하고 믿을만한 사람이었다.

2003년 2월 13일 이른 아침, 중국으로부터 순조롭게 원고를 찾았다는 반가운 소식이 들려왔다. 그동안 어떻게 일이 진행되고 있는지 그 결과를 초조하게 기다리던 우리들에게는 가뭄의 단비처럼 반가운 마음이 들었다. 사실 그동안 안절부절못하며 얼마나 불안한 마음으로 지내왔던가. 나는 뜻밖의 좋은 소식에 기뻐 어쩔 줄 몰라 했고, 등원비와 친구들도 함께 진심으로 기뻐해 주었다. 등원비는 출국 전에 나의 숨겨둔 원고는 한국에 도착하면 꼭 가져다주겠다는 약속을 지켜서 무척 기쁘다며 눈물을 글썽거렸다. 나의 일을 진심으로 걱정해주고 도와주는 친구가 있다는 것이 얼마나 삶에서 든든한 힘이 되는지 뼈저리게 느끼는 순간이었다.

며칠 후, 중국으로부터 가져온 원고들은 제본되어 법무부 담당관들의 책상에 놓여졌다. 담당관들은 내 책을 조심스럽게 펼쳐 보았다. 그리고 통역사의 말을 천천히 들으며 내용을 파악하려고 애쓰는 모습을 보여주었다. 내가 법무부에서 면담을 시작한지 3년 만에 이 원고들은 내 공허한 말에 대한 '물증'으로 한국의 법정에 서게 되었고, 난민 신청의 마지막 승소를 위한 유력한 근거가 되어 주었다. 그리고 마침내 2008년 11월 28일. 나는 중국 민주인사로서 한국에서 첫 정치 난민 1호의 신분을 취득하게 된 것이다.

나는 내 인생에서 가장 큰 선물을 가져다준 내 오랜 친구인 등원비에 대한 이야기를 꼭 이 책에 남겨두고 싶다. 그는 1965년생으로 고등학교 시절부터 나와 잘 알고 지내고 있다. 그 당시 등원비의 집은 우리들이 늘 함께 모여 대화를 나누던 '자유 토론 살롱'의 집결지였고, 그의 부친 고 등춘송(邓春松) 선생님은 살롱의 영혼과도 같은 존재였다. 우리는 모이면 늘 거리낌 없이 자기 생각을 이야기했고, 반박하고 싶은 사람들은 자기 생각을 또 거리낌 없이 말할 수 있는 말의 자유가 있는 바로 그런 곳이었다. 등원비는 늘 그 살롱에서 방청자가 입장이 되어 묵묵히 우리들의 토론을 지켜보았고, 무언가를 배우려는 지식에 대한 갈망을 보였다. 그렇지만 조심스러운 성격이라 우리들의 역동적인 토론에는 끼어들려고 하지 않았다.

그는 형제자매 넷 중 셋째여서 부모님의 사랑을 많이 받지 못하며 성장했다. 섬서성과 같은 시골에서 유행하는 말에 '큰 애는 편들고 막내는 편애하고 중간에 있는 애는 고생한다'는 말이 있다. 등원비가 그랬다. 그런 그의 처지가 그의 행동과 생각을 지배하지 않았을까 나는 가끔 생각해 보기도 했다.

등원비는 고등학교를 졸업한 후 1986년에 군에 입대했고, 1989년 초에 전역을 했다. 1989년 천안문 민주화운동때 나와 자주 연락했고 같이 북경으로 가서 운동에 참여하고 있는 학생들을 지원할 계획을 세우기도 했었다. 비록 이 일이 성사되지는 않았지만, 이 일들을 계기로 우리는 서로가 향하는 목표가 같다는 것을 확인했고, 훗날 정치적 운명을 함께 하기로 결의하게 된 것이다. 그러다 2000년 5월 2일, 우리 두 사람은 장무현에 살던 관지민과 함양 모 여관에서 <서북민주행동> 삼인조를 결성했다.

우리가 한국에 도착한 셋째 날이 등원비 딸의 백일이 되는 날이었다. 다행스럽게도 한국에 도망 오기 전에 딸의 백일잔치를 미리 했기 망정이지 아니었으면 나중에 가족들의 원망을 받아야 했을지도 모른다. 한국에서 지낸 18년 동안 그는 딸을 딱 한 번밖에 보지 못했다. 마침내 부녀가 상봉했을 때 나는 그 현장에 있었다. 나는 지금도 그날의 광경이 눈앞에 생생하다. 등원비는 매일 딸을 그리워했고 딸도 아빠를 그리워했다. 하지만 막상 만나니 마음의 거리는 멀고도 멀었다. 익숙하지만 뭔가 낯선 사람들의 애처로운 만남이 아닐 수 없었다.

한국에서 생활하던 처음 7년 동안 우리는 함께 합숙했다. 늘 같이 먹고 자고 마치 부자지간처럼 다정했다. 뜻을 같이 하는 동지라 하더라도 가족도 아닌 낯선 타인들이 함께 생활하게 되면 사소한 일들로 감정이 상하기도 하고 다툴 수도 있지만 우리는 별 탈 없이 무사히 잘 지내는 편이었다. 그렇다고 등원비가 내 말을 무조건 따르거나 수긍하는 스타일도 아니었다. 2007년쯤 우리는 두 번정도 의견차이로 언쟁을 벌이긴 했다. 한번은 조직 내부의 일 때문이었고 한번은 교회 일 때문이었다. 서로 자기 생각을 주장하다 보니 목소리가 격앙

되어 아래층에 살던 주인 할머니까지 올라와 말릴 정도였다. 그는 가끔 나를 '독단적'이란 표현으로 나에 대한 솔직한 감정을 말하기도 했지만, 오히려 이런 숨김없는 대화들이 더 우리를 가깝게 해주지 않았나 싶다.

<중국민주운동 해외연석회의>조직에서 일을 할 때 나의 직위는 부장이었지만 구체적인 일을 맡지는 않고 글을 쓰는데 모든 정신과 시간을 집중했다. 등원비는 나에게 조용히 글을 쓸 수 있도록 작은방 하나를 마련해 주었다. 그리고 다른 방 하나에는 등원비의 책상과 전화기가 설치되어 있었고, 평소에는 집무실이었다가 사람들이 모이면 회의실로 사용되기도 했다. 이 방은 매일 많은 사람들이 드나들어 항상 왁자지껄하고 어수선했다. 등원비는 사람들이 와서 시끄러울 때는 얼른 내 방문을 조심스럽게 닫아주어서 내가 글에 집중할 수 있도록 세심하게 배려해 주곤 했다. 2004년 4월부터 내가 해외의 중국 민주화운동 사이트에 500여 편의 글들을 발표할 수 있었던 것은 모두 등원비 덕분이라고 해도 과언이 아니다.

2008년 등원비의 아내는 함양시 법원에 이혼소송을 냈다. 법원은 등원비가 참석하지 못하는 상황에서 이혼을 판결

하였고 딸의 양육권은 어머니에게로 가게 되었다. 그리고 그는 한 푼의 재산 분할도 받지 못했다. 게다가 한국으로 도망온 이후 그는 그 어디에서도 한 푼의 보조금도 받지 못했고, 매일 힘겹게 아르바이트를 하면서 생계를 유지했다. 허리띠를 졸라매고 오로지 중국 민주운동을 위해 아무런 보상 없는 일들을 사명감 하나로 버텨내고 있다.

2부

소남촌 소년

1. 내 고향은 흥평원 소남촌

20여 년 전 나는《대진강》이라는 드라마에서 주인공 한 무신이 한 말을 지금도 기억하고 있다.

"사람이 코앞의 일도 기억 못하면서
수십 년 전의 일은 오히려 또렷하게
기억한다는 건 정말 늙었다는 뜻이다."

현재 내 상황이 그러하다. 매일같이 관절염약, 눈을 치료하기 위한 안약, 귀 때문에 이명증약들을 먹고 있다. 몸이 부실해서 먹고 있는 건강보조제를 먹고 돌아서면 내가 방금 먹었는지 안 먹었는지 까먹는 일이 다반사여서 가끔은 이것을 생각해 내느라 한참을 멍하니 서 있을 때가 많다. 그럴 때마다 내가 이제 나이가 들었다는 현실을 받아들이지 않을 수 없다. 하지만 이상하게도 어릴 적에 일어났던 일들은 어제의 일처럼 문득문득 굉장히 선명하게 기억이 나고, 도저히 잊히지 않을 때가 있다. 그중에서 어떤 기억들은 바로 눈앞에서 펼쳐지는 영화의 한 장면 같기도 하다.

내 고향은 섬서성 흥평시이다. 내가 태어났을 무렵의 흥평시는 '시'가 아니라 '현'이었다. 지리적으로 보면 흥평현은 관중도에서 나름 좋은 현에 속했다. 실제로 섬서 사람들은 관중도에 대해 좋은 지역이라는 견해를 가지고 있으며, 흥평을 '섬서의 노른자 땅'이라고 불렀다.

흥평의 지리는 비교적 간단하다. 원상과 원하로 나뉘는데 위하강이 원하지역을 지나가기 때문에 원하지역은 예로부터 토지가 비옥했고, 이에 반해 원상지역은 그 반대로 물이 부족했기 때문에 환경이 비교적 좋지 못했다.

1958년 <경혜거(泾惠渠)프로젝트>가 효력을 발휘하자 원상지역에 드디어 관개지가 생겨났다. 이전에 이 지역은 황무지였다. 우리 집은 원상지역에 있었고, 지역이 다름으로 인해 생겨난 멸시와 차별은 흥평원 사람들 사이에서 굉장히 확연하게 드러났다. 원하지역의 사람들은 원상지역의 사람들을 '마른논의 두꺼비'라고 불렀다.

하지만 '마른논의 두꺼비'는 좋은 점도 있었다. 높은 곳에 오를 필요 없이 가까이 있는 바위 위에 서기만 해도 사방팔방 모든 곳을 바라볼 수 있었고, 우뚝 솟은 종남산도 바로 눈앞에 신화 속 한 장면처럼 큰 그림이 펼쳐진 듯 웅장함을 느낄 수 있었다. 각양각색으로 펼쳐진 산들은 얇디얇은 비단결 같은 청색 연기 뒤에 꼭꼭 숨어 있어도 늘 선명하게 그 자태를 뽐내고 있었다. 하얀색으로 선을 그은 듯 구불구불 끝없이 이어지는 오솔길은 보면 볼수록 사랑스럽고 귀여워 보인다. 나는 어렸을 때 틈만 나면 바위위에 서서 이 풍경들을 시간이 가는 줄도 모르고 바라보는 것을 무척 좋아했다.

'와 이렇게 가깝게 느껴지다니! 잠깐이면 금세 산꼭대기까지 오를 수 있겠는 걸…'

나는 마음속으로 자주 이렇게 생각하곤 했다. 서북쪽에는 세계적으로 유명한 관광명소가 있는데 우리 흥평인들은 여기를 <아파릉(阿婆陵)>이라고 불렀다. 이곳에서 보는 경치들은 굉장히 유구한 역사가 느껴졌다. 진시황 시대의 함양, 한무제 시대의 장안, 당현종, 무측천 시대의 당나라가 모두 다 이 안개에 둘러싸여 있다.

우리 집은 대대로 농민이었으며, 나의 할아버지는 젊었을 때 돌아가셨는데 당신 이름조차도 읽고 쓰실 수 없는 문맹이셨다. 물론 할머니와 어머니도 글을 모르셨다. 아버지는 그래도 2~3년 정도 학당에 다니셨기 때문에 글을 읽을 수는 있었지만 쓸 줄은 모르셨다. 그래서 우리 집에서는 유일하게 '문화의 산물'이라고 부를 수 있을 만한 물건은 아버지가 남기신 40년대 소학교 교과서뿐이었다. 그 책은 종이 재질이 좋았지만, 춥고 배고픈 시절을 겪으며 학교에 다니던 우리 누나가 연습장을 살 여력이 안 되었기 때문에 그 교과서를 뜯어 연습장으로 써 버렸다. 누나가 소학교 2학년 때 저질렀던 이 '실수'를 우리 가족들은 두고두고 오래도록 이야기했고, 간혹 누나를 나무랐던 기억이 난다.

나는 3월 12일 섬서성 흥평시 점장진(店张镇) 소남촌(小南村)에서 태어났다. 그 해는 바로 공산당 정권이 들어선 해라 통상적으로 '해방년'이라 불린다. 농촌에서는 촌락을 '보자(堡子)'라고 부르기도 한다. 그 뜻은 돌로 만든 보루 형태의 건물이라는 뜻이며 군사방어를 나타낸다. 마을에는 동서북방향의 성문 3개가 있었지만, 나는 오직 서성문과 성루만이 기억난다. 현관은 내화 벽돌로 만들어졌고, 위쪽엔 망루가 있어 영화나 사진에서 흔히 볼 수 있는 풍경 그대로이다. 마을을 둘러싼 성벽은 황토를 현지에서 조달해 만든 것이기 때문에 성벽 외곽에 깊은 해자가 형성되었다. 해자는 마을의 방어기능을 높여줄 뿐 아니라 배수와 홍수를 대비하는 기능도 있었다.

소남촌은 큰 마을은 아니었다. 내가 태어나든 해 대략 70여 가구에 300명이 채 안 되는 인구(최근의 통계에 따르면 434가구, 1,807명)가 살고 있었지만 각기 다른 규모의 사당이 5개나 지어져 있었다. 서가 바깥쪽에 위치한 마왕야(马王爷) 사당의 규모가 가장 컸고, 다른 사원들은 모두 작았다. 마왕야 사당은 큰 정원 안에 지어졌으며 정원은 높은 울타리로 둘러싸여 있었다. 대전은 8개의 계단 위에 위치했으며, 대전 안에는 점토로 만들어진 마왕야 조각상이 앉아 있었고, 대전 입구에는 직사각형 모양의 향로가 설치되어 있었는데 그 주변엔 측백나무, 회화나무 같은 아름드리나무들이 여러 그루 있었다. 문의 장식들도 꽤나 준수했고 높은 문턱 양측에는 아름답게 조각된 한 쌍의 사자 석상이 자리 잡고 있었다. 정문엔 커다란 습지가 있어 가축들에게 먹이는 물을 저장하는 용도로 쓰였다. 여름엔 습지의 물이 많아져 어린아이들의 놀이터가 되기도 했다. 그리고 이 마을 대다수 사람들의 성이 우 씨인 경우가 대부분이었다.

아버지 연령대 사람들의 복장은 늘 한결같았으며 어느 누구도 특별하지 않았다. 하얀 수건을 머리에 둘러 뒤통수 부분에 매듭을 짓고, 직접 만든 2미터 정도의 파란색 허리띠를 허리춤에 졸라매었고, 상의와 하의 모두 직접 만든 천 옷(거친 무명 재질)이었다. 할아버지는 평생 흰옷을 입으신 채 머리와 수염을 기르셨다. 나이가 많은 남자 어른들 중엔 아직도 청나라 변발을 하고 다니는 사람들이 있었는데 변발 끝에 빨갛고 흰 머리끈을 묶고 있었다. 절반 정도의 노인들이 혁명의 결과로 변발을 잘랐지만, 변발의 끝부분은 여전히 남아 뒤통수가 헝클어져 있었다. 이것은 마치 완전하지 못했던 혁명을 보여준다. 사람들은 이를 '짧은 솔'이라고 불렀는데, 지금 사람들이 보면 정말 이상하겠지만 어렸을 때의 나는 이런 광경들이 적응이 되어 이상하다는 생각을 해본 적이 없었다.

할머니 연배의 여자들은 모두 발이 작았다. 우리 할머니도 발이 불과 10센티 정도 밖에 되지 않았다. 우리 농촌에서는 보통 하루에 두 끼를 먹었다. 아침 9시 ~ 10시경에 죽과 찐빵을 주식으로 먹었고, 오후 3시경에 점심을 먹는데 밀을 주식으로 하였다. 주로 국수를 먹었으며, 가끔은 물만두를 먹기도 했다. 우리는 건조한 지역에 살아서 쌀을 재배할 수 없었기 때문에 마을 주민들은 굉장히 드물게 쌀을 먹을 수 있었다. 가끔이라도 쌀밥을 한 끼 정도 먹는다고 하면 가정 형편이 좋은 편이라고 볼 수 있을 정도였다.

몸이 아플 때가 가장 곤란했다. 마을에 의사가 없었기 때문에 진찰을 받으려면 다른 마을에 가서 의사를 모셔 와야 했다. 모셔온 의사들은 모두 작은 당나귀를 타고 왔는데 그 비용이 상당히 많이 들었다. 그래서 마을 주민들은 잔병에 걸렸을 때는 민간요법이나 굿으로 치료를 했다. 임산부들은 대부분 집에서 아이를 낳았고, 마을에 산파라고는 예수를 믿는 할머니 한 분뿐이어서 마을의 모든 임신부는 그 할머니가 무료로 아이를 받아주었다.

마을에는 사람과 가축들이 뒤섞여 살고 있었기 때문에 다른 마을들과 마찬가지로 위생 상태가 굉장히 안 좋았다. 그 외 주변에 가끔 늑대 무리가 나타나기도 했는데 나는 심지어 늑대와 한 번 맞닥트려본 적이 있다. 내가 걸음마를 뗀 지 얼마 지나지 않아 어머니가 나를 데리고 '밀밭 구경'을 갔다. 시골 부녀자들이 처가에 가는 풍습의 일종이다. 밀을 수확하기 전엔 '밀밭 구경'이라 부르고 밀을 수확한 후에는 '바쁜 일을 마무리 짓는다'고 했다. 외삼촌 마을 입구에 거의 도착했을 때 우리를 마중 나온 외삼촌의 먼 친척이 갑자기 큰 목소리로 "고모, 늑대 조심해, 뒤에 늑대가 있어"라며 소리를 지르기 시작했다. 외삼촌은 낫을 들고 날아갈 듯이 달려왔다. 알고 보니 늑대 한 마리가 기척도 없이 우리 모자의 뒤를 따라왔던 것이었다. 어머니는 함성을 듣자마자 뒤도 돌아보지 않고 한 손으로 나를 안고 다른 한 손으로는 누나의 손을 잡고 본능적으로 재빨리 도망쳤다. 그때 어머니에게 안겨 있던 나는 그 무시무시한 녀석과 눈이 딱 마주쳤다. 나는 너무 놀라 심장이 철렁 내려앉는 것 같았다. 어렸을 때부터 어른들에게서 들었던 '아이를 잡아먹는 늑대' 가 생각나 너무 겁이 났다.

늑대에 대한 나의 추억은 다시 소학교로 이어진다. 내가 소학교에 입학하고 무극발(武克勃)이라는 단짝친구가 생겼다. 이 친구가 어느 날 누나 집에 놀러 가는 길에 늑대 한 마리와 잠시 눈이 마주쳤다고 한다. 어찌나 겁을 먹었던지 그 이후로 누나 집에 혼자 가게 될 때마다 무조건 나를 불러 같이 가자고 했다. 나는 가끔 가기 싫었을 때도 있었지만 워낙 단짝 친구였기 때문에 거절할 수 없을 때가 많았다. 그런데 그 누가 무극발의 누나네 앞집에 나의 미래의 부인, 어여쁜 진월평(陈月平)이 살고 있으리라 생각이나 했겠는가! 이 모든 것은 분명 운명일 것이라고 믿고 싶다.

그 당시 마을의 오락거리들은 단조롭긴 했지만 어린 나에게 있어서는 굉장히 재미있었다. 어릴 때 자주 봤던 '수레 끄는 원숭이', '출세한 원숭이' 공연들은 몇 번을 반복해 봐도 그렇게 재미있을 수가 없었다. 함양현에서 온 인형극, 시장에서 보던 만화경, 곡예 등은 그 시절 내게 수많은 좋은 추억들을 남겨주었다. 그렇게 시장통에 주저앉아 오락을 즐기다 하루는 흥평 차력사 장금중(张金仲)의 무술에 자석처럼 끌려 들어가 어쩌다 보니 그의 제자인 사방재 선생님의 제자가 되었다.

그 후 3년 동안 나는 그 분 밑에서 유연성과 발차기를 매일 힘들게 연습했고, <미종권(迷宗拳)>이라는 무술을 배우게 되었다. 이후 '6.1 어린이날' 에 학교에서 공연을 하여 우레와 같은 박수갈채를 받았다. 한번은 공연을 할 때 하체에 힘을 너무 주어서 바지의 허리춤이 찢어져 버렸다. 다행히 그때 동작이 기마자세였기 때문에 바지가 흘러내리지는 않았다. 나는 그때 기지를 발휘하여 미동도 하지 않고 자세를 유지하고 있었는데 교장 선생님께서 내 옷이 터진 것을 눈치채고는 재빨리 사무실로 가서 허리띠를 가져와 웃으면서 내 허리에 매주셨던 기억이 지금도 생생하다.

2. 내 인생 3명의 스승

나에게는 3명의 스승이 있다. 노 씨 할머니, 아버지 무숭신(武崇信), 어머니 가가금(贾可琴)이 바로 그들이다.

내가 글을 열심히 쓸 당시 중국은 거액의 국가 예산을 '붉은 유전자 프로젝트'에 투자하였다. 나는 중국인으로서 이는 말도 안 되는 일이라 생각하며 이 일을 증오했다. 과학이 이렇게나 발달한 21세기에 어찌 이렇게 생물학적 용어를 야만적으로 남용할 수 있는가! 붉은 유전자로 충성심과 용맹함을 만들겠다는 헛소리를 어찌 용납할 수 있겠는가!

나의 3명의 스승 중에는 공산주의자가 없었다. 그래서 비록 청소년 시절에 나의 사상은 다른 아이들과 같이 붉은색으로 물들었으나 몇 년 지나지 않아 나의 사상은 바로 순수함을 회복했다.

나의 몸은 부모님이 주신 것이지만, 나의 사상은 할머니가 주신 것이다. 만약 나와 같은 시대에 살고 있었던 어린이들과 내가 다른 점이 있다면 바로 할머니의 교육을 가장 많이, 가장 깊게 받았다는 점이다. 나의 사상이 움트던 시기에 할머니는 나의 가장 성공적인 계몽 선생님이었다.

나는 어릴 때 항상 할머니와 함께 잤고, 그래서 할머니와 가장 친하게 지냈다. 나는 어렸을 때부터 이야기 듣는 걸 가장 좋아했는데 할머니는 전래동화의 달인이셨다. 그 기나긴 겨울밤 동안 정말 많은 이야기를 들으면서 잠이 들었다. 나의 어린 시절의 자장가는 바로 할머니의 잔잔한 이야기들이다.

할머니 생애의 절반은 '홍과 백'이 대립하던 시기였다. 그러나 할머니는 심지어 '국민당', '공산당'이라는 단어를 입 밖으로 꺼낸 적조차 없었으며, '계급투쟁'에 관한 내용도 없었다. 할머니가 하시는 이야기들은 전부 '인간성'과 '인간애'에 관한 이야기였으며, '전쟁과 투쟁'에 관한 이야기는 단 하나도 없었다. 이러한 점에서 나는 시진핑, 보시라이, 위정성 등 공산당 2세대들과 전혀 다르다. 비록 우리는 같은 시대의 사람이지만 어린 시절에 받은 가정교육이 완전히 달랐다. 그들의 '홍색 가정' 속의 '붉은 유전자' 계승에 관한 내용들은 대부분 사람을 죽이는 것이다. 하지만 우리같이 일반 가정의 교육에서는 아이들의 천성인 '선'을 일깨우는 것이 최우선 순위이고, 이는 바로 인간성 혹은 인간애에 대한 교육이다. 나는 청년 시절에 공산당 교육에서 벗어난 후에 길을 잃었다는 느낌을 받지 않았는데 이는 가정에서 배워온 인간성과 인간애에 대한 교육이 나를 지지해 주었기 때문이리라.

내 어린 시절에 중국 농촌에 천지개벽 수준의 변화가 일어났다. 예를 들면 <토지개혁운동>, <반혁명진압운동>, <농업합작화운동> 등이 있었지만 우리 할머니는 문화 소양이 없었기 때문에 정치에 대해 모르셨고, 그래서 할머니의 이야기 속에는 이런 내용이 없었다. 하지만 한 가지 예외적인 일이 있었는데 바로 시골에서 벌어진 <미신타파운동>이었다. 우리 마을의 '청년 돌격대'가 번개처럼 마을의 5개 사당에 있는 신상을 전부 파괴했을 때 할머니는 뒤에서 "죄악이다"라고 외치며 저주하셨다. 그럼에도 불구하고 할머니는 자신의 부정적인 감정들을 내비치지 않으셨다. '청년 돌격대'가 마을에서 큰 소란을 피울 때도 할머니는 혼잣말을 할 뿐이었다.

"신이 고통을 받는 시기이다."

할머니는 나에게 이렇게 얘기를 하셨다.

"신이 고통받을 때 구경하지 마라."

그러나 친구들이 가자고 하는데 어찌 안 갈 수가 있겠는가?

2002년 3월 1일

장무현의 토굴에서 나는 나 자신의 문제에 대해 곰곰이 생각해보았다. 나는 글로 '범죄'를 저질렀다. 어쩌다 이렇게 되었는지 그동안의 일들을 회상해보았다. 뜻 밖에도 나에게 글을 쓰도록 강한 동기를 부여해준 사람이 바로 나 자신이 아니라 내가 가장 친애하던 할머니였다는 사실을 깨닫게 되었다.

1979년 9월, 할머니는 82세에 돌아가셨다. 1984년도에 아버지가 63세에 돌아가셨다. 그리고 어머니는 1993년에 74세의 나이에 돌아가셨다. 2013년에 형은 70세에 돌아가셨다. 이렇게 사랑하는 가족들의 죽음을 하나하나 떠올리면 깊은 그리움이 복받쳐온다. 물론 내가 중국에 있다고 해도 만나지 못할 가족들이지만 이렇게 먼 곳에 나 홀로 남겨져 있다고 생각하니 더 보고 싶은 마음이 든다.

3. 흙 무대 위의 진흙 아이

1958년은 <대약진운동>의 해였다. 이 해를 돌이켜보면 많은 전무후무한 일들이 일어났고 황당무계 하다못해 기이하다고도 할 수 있을 정도였기에 역사에 기록하듯 이 해의 이야기를 여기 남겨두어도 좋을 것 같다.

그 당시의 우리들은 '흙 무대 위의 진흙 아이'와 같았다. 그 시절의 어린아이들은 상당히 긍정적이고 밝았다. 우리는 자신을 진흙 아이로 여기지 않았고, "나비야, 나비야"를 부르며 세상을 아름답다고 상상하는 순진한 아이들이었다.

하루는 학교에 곽숭무(郭崇武)라는 교장 선생님이 새로 부임하셨다. 쉰 살이 넘어 보이고 키가 크고, 올백 머리에, 지혜롭게 반짝거리는 눈을 가지고 있었다. 이마가 굉장히 넓었기 때문에 턱이 상대적으로 작아 보였고, 웃을 때 이마와 뺨의 주름이 연결되어 마치 원숭이 같아 보여서 아이들이 '곽 원숭이'라는 별명을 붙여주었다. 듬직하고 친절하며 자비로운 성격이었으며, 학교의 모든 일을 책임감 있게 해내는 훌륭한 선생님이셨다. 나는 왠지 이 선생님이 굉장히 인상적이고 좋았다.

그 당시 시골 아이들은 노는 것을 참 좋아했다. 특히 남자아이들의 야성은 학교에 쉽게 길들여지지 않았다. 그래선지 내 기억 속엔 열심히 공부했던 적이 없었다. 매번 방과 후 집에 돌아와서 가방을 어딘가에 내팽개치곤 친구들과 여기저기 놀러 다녔다. 부모님들은 애들이 학교만 잘 다니면 크게 간섭하지 않았다.

나는 학교에서 노는 걸 좋아하는 아이로 유명했지만 사고뭉치는 아니었다. 학교 성적도 좋았고, 사람들과도 잘 어울렸기 때문에 2학년 때 오른팔에 '소년 선두대 중대부장'이라는 완장을 차게 되었다. 그 당시에는 빨간 스카프보다는 빨간 줄이 있는 완장이 진짜 알아주는 것이었다. 4학년 때 또 3개의 빨간 줄이 있는 완장을 차게 되었다. 이렇게 나는 조금씩 리더의 자리에 서게 되는 일이 많아지고, 주변에 두각을 나타내게 되었다.

내가 학교에 다닐 무렵 사회에는 '공산주의 혈통'이라는 이야기가 떠돌기 시작했지만, 우리 학교의 진흙 아이들 중엔 아무도 공산주의 혈통에 해당하는 특출 난 아이는 없었고, 붉은 사회의 계승자는 더더욱 없었다. 학교 성적이 좋고 사고만 안치고 다니면 좋은 학생이었고, 내가 바로 그런 전형적인 좋은 학생이었다.

농촌 <대약진운동>에는 우리 같은 초등학생의 참여는 필수적이었다. 어른들은 위하강에 나가 쇳가루 채취를 했고, 저녁에는 집으로 돌아오지 않고 강가에서 야영을 했다. 집에 남아 있던 초등학생들은 집안의 파리, 모기, 쥐, 참새 등 '4대 악'을 없애는 일에 동원되곤 했다. 어른들은 곧 다가올 공산주의 사회는 '4대 악'이 없이 깨끗할 것이라고 말했다. 우리들은 어른들과 선생님들이 하시는 말들을 곧이곧대로 믿었다. 나는 '4대 악'을 잡는 일 중에서 다른 건 못해도 '파리 잡기' 하나는 굉장히 잘했다.

우리 모두는 양손에 파리채와 죽은 파리를 담는 병을 들고 다녔고, 정화 당한 파리를 병에 모아 학교에 가져가면 상을 받을 수도 있었다. 그 무렵 한동안 우리 집과 학교에서 파리가 가장 많았던 장소는 변소였다. 관중 농촌 지역의 변소는 한쪽에 흙을 쌓아두고 다른 한쪽엔 똥을 쌓아놓았다가 볼일을 보고 나서는 흙으로 묻어두는 방식이었다. 그런데 그 운동후 변소에 그 많던 파리가 거의 눈에 띄지 않게 되었다. 파리에게는 안타깝게도 공산주의에 들어올 수 있는 행운이 주어지지 않았나 보다.

어른들은 전 국민적인 <참새잡기 운동>에 흥미를 느끼지 못했지만, 우리 초등학생들은 굉장히 즐거워했으며, 평소에도 시골 아이들은 참새 잡기를 즐겨 하던 터라 이 일이 그렇게 어렵지는 않은 데다 잘하면 보상도 받을 수 있어서 아이들은 시간 가는 줄 모르고 여기저기 몰려다녔다. 기록에 따르면 남녀노소 모두 협력하여 흔들기, 때리기, 독약, 끄집어내기 등 종합 전술을 사용하여 참새를 전멸시켰다고 나온다.

4. 심장이 죽은 사회주의

나는 점점 나이가 들면서 책을 읽는 습관을 가지게 되어 많은 책을 사고, 읽고, 수집하게 되었다. 지금 생각해보니 어릴 때 소설을 읽는 것을 좋아하던 습관이 이어져 온 것이 아닐까 싶다. 일반적으로 젊은이들의 흥미는 절제가 어렵기 때문에 좋아하는 소설을 읽기 시작하면 멈추지 못한다. 가끔은 무엇에 홀린 듯이 책을 읽는다. 당시에 마을엔 전기가 없었기 때문에 밤이 되면 남포등에 의지해 책을 읽었다. 가족들은 아무도 나의 독서에 대해 반대하지 않았지만 아버지는 나의 독서 방식에 대해 비판하셨다.

"독서는 질을 추구해야지 단순히 양을 추구하는 것은 옳지 않다. 나를 보아라. 나는 한평생 《삼국지》만 읽어왔지만 아직 전부 다 내용을 파악하지 못했다."

당시 학교는 '혁명 소설'을 읽으라고 장려했으며, 선생님들은 학생들의 방과 후 독서를 권장하였다. 내가 읽었던 책들의 이름이 아직도 기억이 난다. 《적후무공대(敌后武工队)》, 《강철은 어떻게 만들어졌는가》, 《고채화(苦菜花)》, 《영춘화(迎春花)》, 《임해설원(林海雪原)》등. 당시 사회 계급투쟁은 아직 업그레이드되지 않았기 때문에 혁명 소설과 고전 명작들을 함께 읽었다. 《양가장연의(杨家将演义)》, 《시공안(施公案)》, 《포공안(包公案)》, 《칠협오의(七侠五义)》 등 책들도 한 번씩은 훑어보았다. 그 중 《삼국연의(三国演义)》, 《양가장(杨家将)》과 같은 그림책에 푹 빠지게 되어 나와 친구 조진흥은 함께 많은 책들을 샀던 기억이 난다.

1956년부터 중국 농촌에 사회주의 바람이 불었다. 1958년의 <대약진운동>에서 공산당은 전 국민에게 3년~5년 이내에 공산주의로 전향하라는 임무를 지시했다. 게다가 인민들에게 자세하게 공산주의의 미래에 대해 설명했고, 당시 서북지역에서 유행했던 연극《량추연(梁秋燕)》에서는 이렇게 얘기했다.

하, 그때가 되면 사방이 기계일 것이다.
윙윙거리면서 곳곳에 돌고
자동차와 병원이 있으며,
매일같이 목욕한 뒤 새 옷으로 갈아입는다.
그 안에는 영화관도 있고,
학교가 있어 아이들이 공부를 할 수 있다.
조합에서 뭐든지 편리하게 살 수 있고,
물건의 질도 좋고 저렴하다.
마을 밖에 나가서 바라보면
곳곳에 좋은 논밭들이 보인다.
대추의 빨간색에 눈이 부시고,
수박, 배, 참외가 정말 맛있고 달콤하다.
석류가 자라면 빨간 입을 벌리고,
사과는 쟁반만큼 커다랗다.
누런 배의 껍질이 얇디얇고,
포도알이 잘 익어서 뚝뚝 떨어진다.
인생이 행복하고 아름다우니,
노동의 빛이여 만만세.
아하하, 우리 부부도 정말정말 좋구나.

咳, 到那时(作者注:社会主义)遍地是机器,

轰轰满地转.

有汽车有医院,

常洗澡把新衣换.

里边还有电影院,

有学校娃娃把书念.

合作社买啥真方便,

东西又好又省钱.

到庄外你再看,

铺天盖地的好庄田.

枣儿红的真耀眼,

西瓜梨瓜香又甜.

石榴裂开大红嘴,

苹果大的赛冰盘.

梨儿黄皮儿薄

葡萄结得掉串串.

生活幸福又美满,

劳动的光芒万万年.

哎咳咳, 咱夫妻喜欢喜欢真喜欢.

이렇게 좋은 생활을 왜 반대할까? 이 사회에서는 당신을 위한 모든 것이 다 준비되어 있고, 당신이 당을 따라 간다면 모든 것을 누릴 수 있다. 만약 중국의 수천 년 동안의 역사 속에서 이런 일이 생긴 적이 단 한 번도 없었다면, 이제 이러한 역사가 다가올 것이라고 믿는 것이 역사가 사람들에게 부여한 의무인 것이다. 그리하여 농촌 사회주의화의 최대 위험성은 대부분 농민들 개개인의 계획과 관심이 약화된다는 것이고 이는 그들의 자녀에게도 동일하게 해당된다. 사회가 사람을 설계하며, 이 사회의 설계 속에서 공산주의적인 사람은 정해진 직업 없이 본인의 흥미에 따라 일을 결정한다.

엥겔스가 말했다.

"내가 오늘 한 가지 일을 하고 내일은 다른 일을 하는 것이 가능한 세상, 사냥꾼이나 어부, 소치는 사람이나 비평가가 되지 않고도, 마음먹은 대로 아침에는 사냥을 하고 오후에는 고기를 잡으며 저녁에는 소를 사육하고 저녁을 먹은 후에는 비평을 할 수 있는 세상이다."

이러한 사회가 무지몽매한 사람들을 일깨우고 더욱 완벽하게 만들고 인간의 본성에 적합하다 하였다. 인류가 생겨난 이래 인간들은 '사회적인 고정관념'에 갇혀버렸다. 이 자물쇠를 철저히 파괴함으로써 사람들의 전면적인 해방을 실현할 것이다. 내가 중학교 다닐 때 학교에서 자본계급의 전문적인 사상을 비판했는데 이유가 전혀 없는 것은 아니었다.

훗날 돌이켜보니 나에게 '자본계급 사상'을 주입했던 사람은 나의 형이었다. 형은 항상 내게 제백석(齐白石), 서비홍(徐悲鴻), 부포석(傅抱石)에 관한 이야기를 들려주었고, 그들이 얼마나 위대한지와 작품이 얼마나 훌륭한지에 대해 말해주었는데, 이는 학교에서 배운 '공산주의' 교육과 전혀 달랐다.

그 당시 농촌엔 공공식당을 설립하여 각 생산팀에 큰 솥을 하나씩 나눠주고 생산팀별로 구성원들이 모두 한솥밥을 먹었다. 이때 가장 유행했던 것이 '공공식당은 공산주의의 심장'이라는 말이었다. 그래서 '큰 솥 밥을 먹는다'는 뜻은 '공산주의 생활을 즐긴다'는 구체적인 표현이었다. 식당의 취사원은 각 생산팀에서 가장 일을 잘하는 부녀자가 맡는다. 그래서 식당 개설 초기엔 사람들이 아무도 반대하지 않았다. 둥글고 큰 흰 찐빵과 방금 만든 반찬들이 나왔고, 식사 종이 울리면 사람들이 줄을 서서 용기 종기 모여 식사를 한다. 식당으로 쓰이는 장소는 어느 돈 많은 부잣집의 마구간을 간단하게 개조한 곳이었다.

사회주의, 공산주의의 운명 선상에서 봤을 때, 공공식당의 운명은 상당히 짧았다. 최초의 고비는 큰 솥을 사용하는 데 쓰이는 연료였다. 그 당시에 농촌 한 식구들의 끼니는 작은 밥솥으로 가능했고, 보릿짚, 옥수숫대, 건초 등을 연료로 쓸 수 있었다. 하지만 공공식당에서는 이러한 연료를 쓸 수 없고 목재와 연탄만을 사용할 수 있었다. 그런데 연탄은 주로 철을 만드는 데에 써야 했고 밥을 지을 때 사용하라는 지시가 없었기 때문에 목재만 사용해야 했다. 건조한 고원에서 목재는 금처럼 귀했으니 밥을 짓는 데 쓰는 건 말이 안 되는 일이었다.

설상가상으로 3년 자연재해를 겪게 되어 밥 먹는 데에 고난을 겪게 되었다. 실은 인위적으로 발생한 것이었다. 공공식당에는 찐빵을 만들 밀가루가 없어 투명할 정도로 멀건 죽을 두 끼에 나눠서 먹어야 했다. 결국 나중에는 어쩔 수 없이 각자 집에서 작은 밥솥을 사용하도록 허락하였다. 작은 밥솥을 사용해 쌀겨, 야채, 느릅나무 껍질, 강냉이 같은 것들로 음식을 충당하여 배를 채웠다. '공산주의의 심장'은 이토록 굶주린 구성원들 앞에서 죽어버렸다.

쌀겨는 먹을 수 있지만, 많이 먹어선 안 되었다. 쌀겨를 많이 먹으면 큰일을 못 보게 된다. 그 당시에 아이들은 쌀겨를 너무 많이 먹어서 배변을 제대로 보지 못해서 변소에 가서 엎드리면 어른들이 와서 얇고 긴 나무 막대기로 배변을 도와주어야 하는 경우가 다반사였다. 물론 나도 그런 일로 큰 고통을 받아야 했다.

교육의 힘은 가끔 너무나 강력해서 우리를 놀라게 한다. 아니나 다를까 우리 같이 '붉은 깃발 아래서 태어나 붉은 깃발 아래서 자란' 시골 아이들은 입에 풀칠을 하며 자라난 잡초 같은 세대이다. 우리는 교육의 가르침대로 우리를 세상에서 가장 '행복한 세대'라고 여겼다. 그러므로 우리는 '사회주의의 새로운 꽃'이었다. 모택동은 말했다.

"너희 젊은이들은 기력이 넘치고 인생에서 가장 좋은 시절을 보내는 것이 마치 아침 8, 9시의 태양을 보는 것과 같다. 앞으로의 희망을 너희에게 맡기겠다."

아버지 세대에 입에 간신히 풀칠하던 일화들은 우리 마음을 아프게 했다. 하지만 우리 또한 젖과 꿀을 마시며 자라지 못했다. 학교 선생님들이 하시던 말씀들이 아직도 귓가에 생생하다.

"여러분들은 얼마나 행복합니까? 만약 여러분이 사회주의 중국이 아닌 자본주의 미국에서 자란다면 여러분들의 운명은…."

반 전체 학생들은 이구동성으로 대답했다.

"사회주의가 좋아요!"

5.『사회주의 교육』에서 겪은 고난

내가 연구와 저술 활동을 시작한 것은 <문화대혁명>을 겪은 이후부터이다. <문화대혁명>이 없었다면 나의 사상 또한 없었을 것이다. 사실 객관적으로 보았을 때 나는 <문화대혁명>의 수많은 홍위병 중의 한 명에 불과했고, 너무나도 평범했다.

1963년 여름에 나는 공립학교인 어천중학교에 입학하였다. 어천중학교는 우리 집에서 7리 정도 떨어진 어천촌에 있었다. 학교 삼면은 주민 거주지 벽으로 둘러싸였고, 나머지 한 면은 저수지에 붙어있는 중학교였다.

학교는 교실 건물 두 채와 학생 기숙사 두 채, 교직원 기숙사가 두 채 있었다. 건물은 모두 다 보통 넓이였고 북향인 데다 한 동당 10개 정도의 방이 서로 연결되어 있었다. 건물과 건물이 나란히 있어 구조가 나쁘지 않았다. 학교의 가장 북쪽에는 높은 굴뚝이 있었고, 그 옆엔 크고 작은 부뚜막이 각각 하나씩 있었다. 작은 부뚜막은 교직원용이고 큰 것은 학생용이었다. 학생 부뚜막엔 세 칸의 큰 식당과 붙어있었고, 식당 동쪽엔 교사와 학생들이 물을 마시는 큰 우물이 있었다. 학교 정문을 향하는 공간에는 꽃과 나무를 좋아하시는 교장 선생님이 원형의 작은 정원을 만들었다. 비가 올 때마다 그는 항상 정원에 앉아 화초들을 정리했는데 그 모습이 멀리서 보면 마치 '정원사' 같았다. 봄여름 두 계절에는 정원에 꽃이 가득 피고 나비와 벌들이 날아다니는 평화롭고 한적한 농촌 학교만의 색다른 분위기를 지니고 있었다.

학교엔 큰 운동장과 작은 운동장이 각각 하나씩 있었다. 학교 서쪽에 있는 작은 운동장은 개교 때 건설된 운동장이며 크기는 농구장만 했다. 학교 동쪽에 있는 큰 운동장은 내가 입학할 때 건설된 것이며 축구장 정도의 크기였다. 원래는 생산팀 구성원들이 흙을 채취하기 위한 참호였지만 현의 정부에게 허락을 받아 운동장으로 만들었다. 그곳엔 잡초가 가득했으며 바닥이 울퉁불퉁해서 학교 교직원들과 학생들이 같이 운동장을 평평하게 일구었다. 학생들은 손수레를 끌고 다른 곳에 있는 흙을 채취해서 밧줄로 묶고 다 같이 구호를 부르며 앞으로 전진했다. 그렇게 3개월 만에 운동장은 많이 평평해졌다.

학교는 총 3개의 학년과 6개의 반을 개설하였고, 학생 수는 300명 남짓했지만, 교직원들은 다 합쳐서 20명이 채 안 되었다. 학교의 학생들은 모두 섬서성 사투리를 사용했는데 타지에서 온 선생님들이 많아서 학교는 여러 가지 사투리들이 난무하였다. 학생들의 대부분은 남자였고 여자는 10분의 1도 안 되었다. 학생들은 대체로 무명옷을 입었기에 교사들이 입는 '양복'과 비교하면 보잘것없어 보였지만 내 기억엔 어떠한 선생님도 학생이 가난하다고 비난하지 않았다. 이 평범한 중학교에서 나는 인생에서 가장 평범하지 않은 시절을 보내리라고는 생각지도 못했다.

1949년~1989년, 중국은 정치 운동이 끊임없이 일어났던 국가였다. 어떤 사람은 중국을 '운동 왕국'이며 인민들을 '운동선수'라고 불렀다. 작은 운동은 말할 것도 없고, 대규모의 운동만 꼽아도 8, 9번이나 있었다. 반혁명진압운동, 토지개혁운동, 농업 합작화운동, 사회주의 개조운동, 대약진운동, 사회주의 교육운동(약칭 "사교운동"), 문화대혁명운동(약칭 "문혁")

그리고 2번의 천안문 운동 등이 거의 3, 4년에 한 번꼴로 있었다. 모택동이 7, 8년에 한 번 일어났다는 말은 오류가 있다.

중국에 대해 모르는 사람들은 1966년 이전에는 <문화대혁명>이 없었다고 생각할 수도 있지만, 중국에서 온 증인으로 <문화대혁명>은 1963년 말부터 시작되었다고 말할 수 있다. 이는 바로 <사회주의 교육운동>이라는 <문화대혁명>의 전신이 있었기 때문이다. <문혁> 연구의 기원인 맥 파쿼 교수님은 문혁의 시작은 1962년의 <7,000인 대회>라고 주장했지만, 내 생각엔 그 근원은 <연안 정풍운동>이다. 이곳에서 나는 우선 근원을 제외하고 <문화대혁명>의 형태 문제만을 이야기하고자 한다. 그렇다면 우선 1963년의 <사교운동>을 연구해야 한다.

1963년 여름에 나는 어천중학교에 입학하고, 첫 학기에 공산주의 청년단(약칭 '공청단')에 입단했다. 2학기에는 반장 겸 단 지부의 학습위원이 되면서 나름 학교의 유명인사가 되었다. 어떤 친구가 나를 이렇게 평가했다.

"공산주의 사상에 빨간 고추처럼 물들었다."

하지만 아무도 내가 1965년 초에 일어나는 <관문 정돈

운동>에서 불행해질 것이라고는 생각하지 못했을 것이다.

1965년 1월 14일

중국 공산당 중앙 위원회에서 <농촌 사회주의 교육운동>에서 현재 제안한 몇 가지 문제(약칭 '이십삼조')>라는 문서를 발표했다. 우리 학교에는 구체적인 '실행 과정'으로 '단 총 지부의 폐쇄 및 기풍 바로잡기'를 하라는 결정이 내려졌다. 그래서 겨울방학 동안 단 총 지부의 모든 구성원들이 다 집합하여 각각 자아 성찰에 들어갔다. 그리고 우선 '자아비판'을 시작했는데 이것이 바로 <이십삼조>에서 말한 '세수와 목욕'을 말한다. 각 단 지부에서는 한두 명씩 '본보기 대상'을 찾아내었다.

1966년, 단 지부에서의 본보기 대상은 바로 나였다. 그 당시 내 문제는 상당히 큰일이었기 때문에 나는 큰 두려움에 떨었으며, 어떻게 이 난관을 빠져나갈 수 있을까 고민했다.

내가 본보기 대상이 될 수밖에 없었던 이유를 설명하자면, 먼저 그 시대 학생들의 단조로운 방과 후 생활부터 설명해야 한다. 그때는 텔레비전이나 라디오가 없었고 인터넷은 더더욱 없었다. 학교의 문화생활이라고는 딸랑 매달 한두 편의 영화를 상영하는 것뿐이었고, 이 외에는 학교 수업 시간 사이 쉬는 시간에 혁명곡이 스피커에서 흘러나오는 정도였다. 그래서 학생들은 늘 놀 거리가 필요했다. 매주 일요일 학교에 도착하면 아이들은 교실에 가는 것을 싫어했기 때문에 기숙사의 이불 위에 다들 누워 잡담을 하곤 했다. 그렇게 시간이 지나자 마을에서 그랬던 것처럼 학교에서도 '책 읽어주는 사람'이 생기기 시작했다. 나는 그중에서도 가장 유명했다.

그 당시 나는《칠협오의(七侠五义)》의 기술을 배워《강협전(江侠传)》을 썼다. 나는 이것을 '작품'을 만드는 것이 아니라 '놀이'라고 생각했고, 나 스스로도 재미있다고 느꼈다. 두 학기 정도 내 이야기는 우리 반에서 선풍적인 인기를 끌었고, 이야기 시간만 되면 친구들은 자연히 나를 에워싸고 나의 이야기에 귀를 기울였다.

교장 겸 당 지부 서기 곽 선생님은 '농촌계급투쟁'의 현실 상황을 설명할 때 <이십삼조>를 결합하여 설명하곤 했다.

"사회의 계급투쟁이 심각하게 우리 학교에서 반영되었습

니다. 우리 학교는 피난처가 아니기 때문에 사회의 영향들을 똑같이 받습니다. 예를 들면 사회의 적이 우리와 다음 세대를 향해 경쟁할 때 우리에게 부패한 퇴폐 문화를 심어주고, 퇴폐 소설을 통해 우리의 다음 세대를 더럽힙니다. 나는 이 말을 듣자 심장이 철렁 내려앉는 것 같았다. 선생님은 손을 펼쳐 우리들에게 향하며 말했다. 우리 어천중학교 여러분 중에서 단 한 명이라도 영향을 받은 사람은 없을까요? 여러분은 온실의 꽃이며 가장 상처받기 쉬운 존재들입니다. 그러므로 단 총 지부의 이번 '폐쇄 및 기풍 바로잡기'는 여러분을 도와주려는 것이며, 여러분 사상에 예방주사를 놓거나 맹장염을 앓는 사람의 '맹장'을 제거하는 것과 같습니다. 여러분! 아픔을 두려워하지 마세요."

곽 선생님의 힘 있고 설득력 있는 말씀은 대단했고, 정말 우리를 감동시켰지만 당시의 나로서는 더 이상 가만히 이 말씀을 듣고 있을 수가 없었다. 마치 한 마리의 불쌍한 토끼가 된 것 같았다. 사방팔방에서 나를 향해 날아오는 화살을 고스란히 맞고 있는 것같이 아팠다. 내가 아무리 도망치고 숨어도….

나의 걱정이 이제 곧 현실이 되리라는 것을 나는 잘 알고 있었다. 계속 좁혀져 오는 '본보기 대상'으로 그 문제의 중심에 있는 나를 찾는 일은 시간문제였다. 나는 거의 우는 소리로 단원들에게 소리쳤다.

"내가 총대를 메겠다!"

나는 자아비판을 하면서 용감하게 자신을 분석했고, 스스로를 천만번쯤 욕했지만 통과하지 못했다. '세수와 목욕'으로 만약 본인 스스로 지은 죄를 깨끗이 씻지 못한다면 다른 사람들이 씻는 것을 도와주어야 했다. 이를 '때 밀기'라고 불렀고, 이 일은 본보기 대상으로서는 마음속까지 아픈 일이었다. 이 '때 밀기' 과정에서 친구들은 내가 하층 농민의 자녀이며, 그렇기 때문에 이렇게 큰 죄를 저지른 이유는 분명히 계급투쟁의 근원에 존재한다고 여겼기 때문에 내가 사상과 정신적인 방면에서 계급적인 이유를 찾아야 한다고 격려해 주었다.

나는 우선 두 편의 반성문을 썼고, 사람들 앞에서 크게 낭독했다. 하지만 사람들은 진지하지 않고 그냥 대충 넘어가려는 것으로 여겼으며 내가 '계급투쟁 문제'의 실질적인 원인을 파악하지 못했다고 했다. 내가 '때 밀기'를 할 때 나의 단짝 친구 진계해는 심지어 눈물까지 흘리면서 나에게 이렇게 얘기했다.

"우쩐룽 동지 조금만 참아, 맹장을 잘라낼 때는 아플 수밖에 없는 거잖아? 이렇게 해야 너의 병을 치료할 수 있어!"

3번째 자아성찰을 할 때에 나는《강협전》수법을 이용하여 마구잡이로 이야기를 지어냈다.《강협전》은 그 당시 반혁명분자였던 우리 집안의 넷째 작은아버지 무숭화(武崇华)에게 빌린 것이라고 했고, 그는 나에게 이 책의 내용이 재미가 있으니 친구들도 좋아할 것이라며 권해 주었다고 말했다. 나중에 집에서 이 일을 알게 되었지만, 가족들은 나를 그냥 내버려 뒀다. 사건의 전말은 이렇게 일단락되었다.

고통스러운 3주 동안 나는 사상적, 정신적인 고통뿐 아니라 남들로부터 받은 능욕, '사상투쟁' 과정에서 스스로에게 가해왔던 치욕 등에 시달렸다. 나는 이러한 욕을 받지 않고 넘어갈 수 있는 길을 선택할 수 있었지만, 그렇게 했다면 내 정치 생활은 끝이 났을 것이다. 하지만 나는 고작 16살이었고, 일가친척들의 희망과 기대를 짊어지고 있었다. 그리고 나를 비난했던 친구들은 나와 전혀 개인적인 원한이 없었으며 나를 위해서 그랬던 것이다. 그들은 나의 인격을 무너뜨릴 생각은 없었다. 그저 의사가 나를 '치료'해주듯 모택동의 '병을 치료해 사람을 구한다'는 취지로 나를 대했던 것이다. 다행히도 비판 과정에서 친구들은 내가《강협전》을 지어낸 것을 용서해 주었지만 내가 허구로 지어낸 이야기 때문에 넷째 작은아버지를 나 대신 희생시켰기 때문에 나의 도덕심과 양심에 큰 죄책감이 들었다.

그렇지만 이 본보기에서 나와는 달리 무연명(武彦明)은 그렇게 운이 좋지 못했다. 무연명은 나와 같은 마을 출신이었고 학교에서 나와 같은 반장 겸 단 지부 위원이었기 때문에 우수한 학생이라고 할 수 있었다. 하지만 그는 여러 번 비판을 받은 후 '쌍퇴(단에서 퇴출, 학교에서 퇴학)'를 맞았고, 다시 마을로 돌아와 '하층 농민 재교육'을 받았다. 결국 재능이 넘치던 중학생 한 명이 학교에 다닐 권리를 억울하게 빼앗겨 버렸다. 그가 '재평가'되었을 때 그는 이미 아버지뻘이 되어 있었다.

이 본보기가 끝나고 나는 이불을 둘러메고 집으로 돌아갔고, 집에 도착하자마자 바로 할머니 품에 달려가 울음을 터뜨렸다.

"우리 아가 고생했다."

할머니는 이렇게 따스한 목소리로 얘기해 주시곤 내 머리를 계속 쓰다듬어 주시기만 할 뿐 이유를 묻지 않으셨다. 그저 "괜찮아질 거다. 다 괜찮아질 거다"라고 속삭여 주셨다. 솔직히 말하자면 본보기를 당하는 동안에는 눈물이 한 방울도 나오지 않았다. 그런데 본보기가 끝나고 가족의 품으로 돌아오자마자 갑자기 마음속의 울분이 봇물 터지듯 울음으로 터져 나왔다.

솔직히 말해서 이번에 당한 본보기는 나의 정치관에는 그 당시 큰 영향을 미치지 못했다. 하지만 나의 마음속 깊은 곳에 큰 상처를 남겼다. 1966년 나의 반역 행위는 아마 이 사건과 관련이 있을 것이다.

6. 끊임없이 심화되는 계급투쟁과 사상교육

미국 화교인 고덕(高德)은 그의 책《세뇌술》에서 이렇게 말했다.

"이 말을 기억하라. 세뇌가 성공한 것을 신앙이라고 하며, 세뇌가 성공하지 못한 것을 세뇌라고 한다."

세뇌가 바로 교육이라고 생각한 것이다.

우리는 어른이든 아이든 늑대를 무서워한다. 아이가 울고 불고 난리를 칠 때 어른들이 "늑대가 왔다!"고 외치면 아이는 울음을 뚝 그친다. 사실 아이는 늑대에 대한 개념이 굉장히 모호하기 때문에 교육에 의해 늑대를 무서워하게 된 것이다. 그러므로 다른 측면에서 볼 때 교육은 사람을 기만하기도 하며, 어떤 교육은 국민들을 최악의 상황으로 내몰기도 한다.

내가 막 중학교에 올라왔을 때 사회의 계급투쟁은 지속적으로 심화되었다. 나중에야 알게 된 것인데 3년간의 대기근으로 국민들의 원망과 불만이 터져 나오면서 이로 인해 공산당 고위층 내부의 분열이 촉진되었다. 특히나 모택동과 류소기(刘少奇)의 다툼이 현실화되기 시작했다. 게다가 중국 공산당은 전 소련 공산당이 와해되고 나서 국제적으로 고립되었고, 이 모든 것들이 고위 간부들로 하여금 위기감을 느끼게 했다. 그들은 위기감을 조금씩 점점 아래로 분산하더니 결국에 최하층민들에게로 전파되었다.

점점 상황이 변하기 시작하더니 우리들이 살아가는 삶과 풍경도 함께 변했다. 내가 다닌 중학교에서 매일 아침에 낭송되던 낭낭한 목소리 속에 피어나는 연기는 더 이상은 '평화의 상징'이 아니었으며, 계급투쟁의 성화였다.

학교에서 '정치사상' 수업을 매주 2회 개설하여 진행했지만 이보다 더 중요한 것은 곳곳에 존재하는 '사상투쟁 수업'과 '계급투쟁 수업'을 기회로 잘 이용하는 것이었다. 이러한 수업들에서는 이런 것을 가르쳤다.

"지금은 평화로운 시절이지만 일이 잘못되면 하루아침에 계급투쟁이 일어나 수천만 명의 머리가 추풍낙엽처럼 떨어져 죽게 될 것이고 붉은 깃발은 흑색 깃발이 될 것이다."

학교에서는 학생들을 20킬로미터나 떨어진 함양시 민족학원에 보내 계급투쟁의 실물을 관람토록 하였다. 나와 친구들의 눈앞에는 생전 처음 보는 충격적인 광경들이 펼쳐졌다. 마치 생으로 벗겨놓은 듯한 사람의 피부 껍질을 박람회의 가장 잘 보이는 위치에 걸어 놓았고, 주인이 노예를 때릴 때 썼던 채찍, 노예를 묶을 때 썼던 족쇄와 수갑, 노예 계약서, 노예들이 입었던 옷과 노예를 죽이는 장면이 담긴 오래된 사진 등을 질서 정연하게 진열해 놓았다.

그뿐만 아니라 우리 학교에서 10킬로미터나 떨어진 백량촌까지 걸어가 지주농장을 관람하게 했다. 그리고 지주농원에서 불과 200미터 떨어진 곳에 굉장히 낡아빠진 머슴의 초가집을 관람하게 했다. 일종의 극적인 대비 효과를 노린 것이 아니었나 싶다. 한쪽은 루당관에서 연극으로 보았던 정교하고 아름다운 지주 계급의 생활 장면이었고 다른 한쪽은 하층 농민의 '무의, 무식, 무주' 생활 장면이다. 이러한 실물을 교과서 삼아 배운 계급투쟁 교육 수업이 어린아이들의 마음속에 얼마나 큰 영향을 주었을까!

학교의 생동감 넘치는 계급투쟁 수업은 이뿐만이 아니었다. 학생들은 학교 밖으로 나가 농촌에 가서 직접 농촌의 계급투쟁과 잔인한 현실을 보았다. 선생님들의 지도하에 학생들을 3팀으로 나누어 순서대로 흥평현에서 지정한 계급투쟁 전형촌인 예약촌에 들어갔다. 우리 학교를 졸업한 변신창(边兴昌)은 이 마을의 단 지부 서기였으며 현의 모범 병사였고, 당시 관내에서 해설을 담당했다. 그는 우리가 이곳을 관람 왔을 때 이 마을의 계급투쟁 수업을 진행했다. 지금 내가 이 책을 쓰는 순간에도 생생하게 기억날 만큼 그의 설명은 생동감 넘쳤으며 감동적이었지만 내용의 진실성에 대해서는 언급할 필요조차 없을 것 같다. 나중에 이 변신창은 우리 파의 반란 조직인 <연합 총회>의 지도자 중 한 명이 되었다.

그리고 하층 농민들이나 거지들이 구걸할 때 사용하던 굉장히 지저분한 깨진 사발, 헤지고 낡은 평상복이 진열되어 있었다. 변신창은 낡은 솜옷을 흔들었고, 구걸용 사발을 두드리더니 매우 진지한 표정으로 얘기했다.

"여러분 이걸 봐요. 이건 바로 윗마을 빈농 변 아저씨가 사용했던 구걸용 사발이고, 이것은 그가 입었던 옷입니다. 여러분 보세요!"

그는 과장된 표정 연기로 모두의 이목을 집중시켰다. 그러자 나는 내가 몇 해 전에 홍수가 났을 때 목격했던 남루한 옷차림으로 구걸을 하던 노숙자들 무리 속에 있던 변 아저씨의 모습이 떠올랐다. 나는 어렸을 때 여러 번 노숙자들을 돌봐준 기억이 있다. 그들에게 찐빵을 주거나 사발에 따뜻한 죽을 넣어주면서 그들을 혐오하거나 싫어하지 않았었다.

"우리 하층 농민들이 반란을 일으켜 지주 계급을 무너뜨렸지요. 하지만 지주 계급들은 장부를 기록했어요"라고 말하면서 장부를 하나 꺼냈다.

"여러분 보세요. 이것이 바로 그들의 장부입니다."

몸을 기울여 장부를 한 장 한 장 펼치며 말했다.

"실패한 지주계급들은 그들의 실패를 인정하고 싶지 않았습니다. 모 주석께서는 그들이 죽기 전까지 몸부림칠 것이라고 말씀하셨으니, 이 얼마나 위대한 선견지명입니까?"

변신창의 말투는 상당히 진지했다.

"여러분! 계급주의자들은 죽었지만, 나의 마음은 죽지 않았습니다."

다행히도 올 해, 우리 집에 변화가 생겨 토지개혁 때 중농에서 하중농으로 전환되었다. 고작 한 글자 차이지만 그 영향은 무시할 수 없었다. 이러한 변화의 영향은 지금 사람들은 상상할 수 없을 것이다. 이후 나와 우리 가족은 공산당의 농촌 기본 의존 대상에 속하게 되었고, 그래서 계급투쟁이 점점 심화되는 상황에서 하층 농민 자식의 이점이 점점 선명하게 드러났다. 매번 관람하고 돌아온 뒤 배운 내용에 관해 토론을 할 때 나는 그저 우리는 '하중농'이라는 말을 입에 올리기만 하면 되었다.

이러한 회의에서 가장 곤란한 얼굴을 한 사람이 바로 나의 친구 진계해이다. 그는 단원과 단 지부 위원이었고, 초등학교 때부터 중학교 때까지 늘 '적극 분자'였지만 가정 형편은 '지주 성분'이었다. 그의 아버지는 '지주 분자'의 굴레를 쓰고 있었고, 그래서 매번 발언을 할 때 자연스럽게 진계해의 아버지를 비판하는 몇몇 목소리가 있었다. 나는 계급투쟁의 조화를 바라는 조급한 마음에 대해 잘 알고 있다.

당시의 학교 교육과정에서 계급투쟁 수업은 모택동 사상의 전공과목이었다. 비록 정해진 정규 교과서는 없었지만, 이는 가장 효과가 좋았던 것이었다. 그와 반대로 당시 유행했던 교재인 《모택동 저작선집(毛泽东选集)》을 학생들이라면 모두 한 권씩은 가지고 있었다.

그 당시 <레이펑학습운동>의 일환으로 학생들 사이에 대회가 자주 열렸다. 예를 들어 어떤 학생이 돈 1전을 주운 뒤 용감하게 그 돈을 학교로 가지고 와서 선생님에게 돌려주면 선생님은 그 학생을 칭찬해 주셨다. 1전은 아주 작은 돈이지만 학생들의 바른 자세를 볼 수 있다는 점에서 큰 가치가 있다고 했다. 이는 바로 레이펑과 장은덕의 행동을 구체적으로 배우는 것이었다. 그 후 너무 많은 학생들이 주운 돈이라면서 1전을 선생님에게 가져다 주었기 때문에 선생님은 그 돈을 받고 칭찬을 해야 하는 것인지 망설이셨다. 왜냐하면 우리 학교, 심지어 어천촌의 도로에 이렇게 많은 1전짜리 돈이 굴러다닐 리가 없었기 때문이다.

내가 괴롭힘을 당하던 1965년, 학교의 사상교육 수업이 학생들 본인의 잘못된 사상을 바로잡는 일이라고 강조되었고, 이 시기에 모택동 사상의 무기성이 단련되었다. 나는 아직도 단 지부 <관문 정돈 운동> 때 지도자가 분명하게 강조했던 내용들이 기억난다.

“이는 우리가 모택동 사상의 무기를 이용한 우리의 살아

있는 사상을 향한 투쟁적인 운동이다."

물론 투쟁 중에 우리는 마음대로 축제를 치를 수 없었고 강제로 잃은 것도 있다. 게다가 투쟁의 결과는 모택동 사상이 무조건 이겨야만 했다. 그래야만 우리의 사상 투쟁은 겨우 기준에 도달할 수 있었다. 교육의 영향으로 학생들은 본인의 몸과 마음의 자본계급 요소와 투쟁하는 방법을 배웠다. 그래서 나는 자아 성찰을 할 때 "비록 내가 모택동 사상을 배웠지만 단지 입으로만 배웠고 행동으로 나타내지는 못했다. 그래서 공산주의의 계승자에서 봉건주의 퇴폐 작품의 노예가 되었다"라고 비판했다.

그리고 우리 반에는 지주 가정 출신인 여학생이 있었다. 이름은 유봉하였는데 작지 않은 키에 탐스러운 머리를 허리까지 닿아 내린 굉장히 예쁘게 생긴 아이였다. 요즘 같으면 다들 그녀를 여신이라고 불렀을 것이다. 하지만 그 시대에는 봉하가 무슨 말을 꺼낼 때마다 선생님과 학생들의 비판을 받았다.

봉하는 시골 사람이었고 봉하의 이모는 서안시 출신이었

다. 어느 해 겨울 방학에 봉하는 이모네 집에서 한 달 정도 머무르다 집으로 돌아왔고, 사람들은 봉하의 피부가 하얘졌다며 부러운 듯 말했다. 봉하는 무의식적으로 "서안시의 물이 좋아서 사람을 하얗게 만드나 봐요"라고 말했다. 이유는 모르겠지만 이 한 마디가 학교 안에 미친 듯이 전파되었고, 봉하는 나중에 우리 학교 계급투쟁이 학생들 사이에 반영된 살아 있는 표본이 되었다. 비록 봉하 본인은 청문회에 참여한 적이 없지만, 봉하가 말한 이 한 마디는 전교 모든 반, 모든 조직의 청문회에 오르게 되었다. 봉하는 억울해서 무의식에 한 말이었다고 말했지만, 사실 이러한 변명을 하면 할수록 상황이 더 심해지고 말았다. 봉하의 '무의식 영역'마저 '자본 계급화' 수준이라니… 이 얼마나 위험한가! 당시 우리 학교의 선생님과 학생들은 프로이트를 몰랐고, 만약 알고 있었으면 문제가 더 심각해질 수도 있지 않았을까? 잠재의식까지도 자본 계급화 되어 버렸는데!

나는 한번 괴롭힘을 당한 이후부터는 매 주 한 번씩 열리는 <단 지부 생활회>를 끔찍하게 싫어하게 되었다. 회의를 진행할 때 주로 한쪽 구석에 단원 학생들이 원형을 만들어 앉았고, 단 지부 서기 진덕봉이 《모택동 선집》을 펼쳐 단

원을 지도한다. 회의에서 모든 단원들은 모두 적극적으로 본인의 살아있는 사상을 표현해야 하며 본인 스스로를 비판하거나 친구들에게 부탁해서 비판받아야 한다. 예를 들면 새로 입단한 학생들은 무조건 본인들의 '입단 동기'를 알려야 했기 때문에 가문의 영광, 높은 관직 등 부패했을 만한 동기를 찾아서 보여주어야 했다. 간혹 나에게 찾아와 도움을 청하는 경우가 있었지만 나는 그때 친구들을 따뜻하게 대해주지 못했다. 아니 오히려 매몰차게 친구들이 내 곁에 오는 것을 밀쳐내 버렸다. 지금 그때를 되돌아보면 후회스러운 일이다.

이런 생활회는 굉장히 단조롭고 재미없었지만 매주 단 한 번도 취소된 적이 없었다. 그리고 매주마다 각기 다른 새로운 수확이 있었다. 모든 단원은 무조건 본인이 가진 '잘못된 사상' 혹은 '잘못된 동기'를 발표하였고, 결국은 이것은 규칙 아닌 규칙이 되었다. 올바른 모택동 사상이 개입하기 전의 본인에겐 그릇된 '사상'이 있어야만 했다. 그 말은 즉 '모택동 사상'이라는 '활'을 쏘기 전에 무조건 자신의 '사상'이라는 '표적'이 존재해야 했고, 그러므로 '과녁을 보고 화살을 쏜다'라는 논리만이 성과를 지지해주었다. 논리적으로는 나무랄 데가 없었지만, 실제 생활에서 이는 무척이나 위선적이고, 허구

적이며 재미도 없고, 굉장히 역겹게 느껴졌다.

내가 번거로움을 무릅쓰고 이런 무료한 글을 쓰는 이유는 독자에게 그 시대 사람들이 받아왔던 교육에 대해 전달하고자 하는 것이며, 여러분이 이러한 사실들을 이해해주길 바라기 때문이다. 즉, <문화대혁명> 시기에 가장 먼저 반란을 일으킨 그 시대의 청소년들은 공산당 문화의 신세대이며 지나치게 인위적인 방법을 통해 만들어진 사람들이었다. <문화대혁명>에서 그들은 반란의 선두주자였으며 사회의 바람과는 정반대의 결과를 낳게 되었다.

이쯤에서 여러분은 아마 의문이 생길 것이다.

"모택동 사상이 그렇게 혐오스럽다면 청소년들이 싫어하지 않는 게 이상하네요!"

하지만 앞으로의 이야기를 통해 여러분에게 알려드리고자 하는 것이 있다. 청소년들이 정말 싫어하던 모택동 사상은 어느 순간 일변하여 반란을 일으키는 청소년들의 '여의봉'이 되었다는 사실을!

3부

책을 못 낼 불온한 작가

1. 작가와 기구한 운명 속의 원고

펜으로 먹고사는 사람들 중 자신의 책을 갖고 싶지 않은 사람이 어디 있겠는가? 하지만 자신이 살고 있는 곳에서는 자신이 쓴 글이 책으로 나올 수 없을 뿐만 아니라 생사를 걸어야 한다면 당신은 글을 쓸 수 있을 것인가?

나는 글을 쓸 것이다.

운명이 우리에게 펜을 내려 주었는데 어찌 글을 쓰지 않을 수 있겠는가!

내가 쓴 《절묘한 연극(绝妙的戏)》에서 나는 공개적으로 모택동을 저격하고 모욕하였다. 만약 이 사실이 사람들에게 알려졌다면 나는 절대로 살아남지 못했을 것이다. 나는 이 사실을 아내에게 고백했고, 아내는 더 이상 이 일에 대해 묻지 않았고, 나를 도와 남들에게 들키지 않게 책을 숨겨주었다. 부모님과 할머니는 이 위험한 사실에 대해서는 돌아가시기 전까지 알지 못하셨다.

아내는 초등학교 3학년 때 대기근을 겪었다. 그 당시엔 아내와 마을의 모든 아이들이 학업을 그만두고 집에서 풀뿌리를 캐거나 무청을 솎아내는 등 온 가족이 기근을 이겨내느라 바빠서 배우지를 못했다. 그렇기 때문에 아내는 내가 쓴 글들을 읽어보지 못했다. 《절묘한 연극》은 신혼 때 쓴 것이다. 아내가 밖에 나가 일을 하는 동안 나는 혼자 방에서 글을 썼다. 그러다 보면 밤을 새우는 날들이 많았다. 그런 나를 아내는 쉬면서 하라며 자주 격려해주곤 했다.

한번은 한 집에 살던 내 절친이 물었다.

"자네, 매일 무엇을 그리 쓰는가?"

나는 말했다.

"주로 일기를 쓰고 가끔씩은 마르크스주의에 대해 배운 것들 중 인상 깊은 것을 조금 쓰기도 하지. 뭐 대단한 건 아니야!"

"글 쓰는 것과 배우는 것은 좋은 일이네. 하지만 몸 생각도 좀 하는 것이 좋지 않겠나?"

1978년, 나는 지도원으로 승진하고 개인 숙소를 갖게 되었다. 그래서 편하게 글을 쓸 수 있게 되었고, 주변에서는 내가 글 쓰는 걸 좋아하고 글솜씨도 뛰어나다는 말이 나돌았다. 나의 창작활동이 일에 영향을 미치긴 했지만, 그 누구도 나에게 직접 말을 한 적은 없었다.

그해 하반기, 나는 새로 임명된 지도원으로서 성의 군 구역에서 개최된 <정치공작 간부 집체훈련회>에 참석하였고, 3개월의 훈련 기간 중에 《나의 혁명관》이라는 원고를 집필하였다. 나와 같은 반의 반장이었던 전명월(田明月) 지도원과 연대 본부의 이유군(李维军) 정치 협력 요원은 내가 글을 쓴다는 것을 알고 있었지만 나를 지지해 주었다. 그들은 각각 나에게 노트 한 권씩을 선물해 주었다. 그렇게 나는 수업 시간에 노트를 하는 척하며 글을 썼다. 일요일에는 대부분의 사람들이 집으로 돌아갔지만 나는 거기 남아서 글을 썼다. 그렇게 훈련이 끝날 때 즈음 내 원고도 완성되었다.

1986년 초부터 난 출국을 결심하고 그동안 쓴 원고를 해외로 보내기 시작했다. 나는 한 번도 해외에 나가본 적이 없었기 때문에 세상 밖의 상황에 대해 하나도 알지 못했다. 나의 이런 생각을 동료인 왕 씨가 알게 되었고, 아르헨티나에 살고 있는 친척을 내게 소개해 주었고, 그는 흔쾌히 나를 도와주겠다고 했다. 그는 내게 전역한 뒤 국가기구 혹은 법률 분야에서는 절대 일하지 말라고 조언을 해 주었다. 나는 비로소 전역하기로 마음을 먹었지만, 부대에서는 나를 쉽게 놓아주지 않았다. 내가 학생들을 잘 가르쳤고, 평가도 좋았기 때문이다.

나는 이미 전역을 하고 이곳을 떠나기로 굳게 마음을 먹었기 때문에 한동안 일도 게을리하면서 꾀병을 부리거나 사람들과 다투는 등 사회 부적응자처럼 행동하기 시작했다. 그런 나의 갑작스러운 행동을 주변 사람들은 잘 이해하지 못했다. 아내도 부대의 대우도 좋고, 일도 편하지 않냐며 내가 전역하는 것을 반대했지만 내 결심을 바꿀 순 없었다. 1987년 상반기가 되어서야 전역에 대한 허가가 떨어졌다. 그해 8월, 나는 사소한 일로 아내와 크게 다투고, 집을 뛰쳐나와 친구 집에 약 2주 동안 머무르면서 책을 썼다. 조용한 집에서 만년필이 종이 위에서 사각사각 춤추는 소리와 쥐들의 바스락거리는 소리가 얼마나 듣기 좋았던지….

1987년 4월, 나는 섬서성 기계연구소의 비서로 이직을 했다. 이전에는 비록 작았지만 내 사무공간이 있어서 조용하고 편안하게 글을 쓸 수 있었고, 책 읽기와 글쓰기는 내 업무들의 일환이었기 때문에 아무도 반대하는 사람이 없었다. 오히려 나를 지지해 주고 응원해주는 사람도 적잖았으며, 내가 쓴 글들에 대한 의심도 전혀 받지 않았다. 게다가 그때 부대의 간부들은 대부분 병사 출신이어서 아무도 내가 '반당, 반사회주의, 반무산계급 정부'에 관한 글을 쓰리라고는 생각지도 못했다. 그래서 글을 쓸 때 나의 몸과 마음은 늘 편안했었다.

연구소로 이직한 후 상황이 많이 바뀌었다. 나는 나의 독립된 공간을 잃었고, 큰 사무실에서 사람들과 마주 보고 앉아야 했고, 얇은 칸막이 넘어 두 명의 여직원이 타자를 치면서 쉴 새 없이 떠들어댔기 때문에 도저히 글을 쓸 수가 없었다. 그 기간 동안 나의 마음은 공허했다. 그러다 운이 좋게도 나는 다시 전근을 가게 되어 선전 업무를 맡게 되면서 다시 글을 쓸 수 있는 환경을 맞았다.

1999년, 나는 약 20만 자가 넘는《민주의 본뜻(民主的本意)》이라는 원고를 작성한 후, 북경 상무(商务)출판사에 출판기획서를 써서 우편으로 부쳤다. 이 책은 내가 중국에서 쓴 30여 권의 정치 분야의 책 중에서 유일하게 일반인들에게 공개할

만한 수준의 책이었다. 그 후 한 달 가까이 기다린 끝에 드디어 답장을 받게 되었다. 너무나 설레고 기쁜 마음으로 편지를 열었다. “현재로서 저희는 당신의 책을 출판할 수 없습니다.” 나는 이 첫마디에 커다랗게 밀려오는 실망감에 할 말을 잃었다. 한참 동안 같은 문장을 반복해 읽었다. 그 외에도 몇 마디 위로의 말도 적혀 있었지만, 거절의 말에 대한 충격으로 무슨 내용이었는지 잘 기억이 나지 않는다. 시간이 지나면서 나는 내 책을 이제 출판할 수 없을지도 모른다는 사실을 받아들이면서 출판하려던 원고를 방 한구석에 밀어두고 다시는 그 원고에 손을 대지 않았다. 그러다 얼마 지나지 않아 섬서성에서 심천시로 떠나오게 되었고, 그 심천시에서 <진안민 사건>이 일어났던 것이다. 그 후 다시 섬서성으로 돌아와 등원비와 관지민과 함께 중국을 탈출할 계획에 대해 논의했다.

2002년 11월, 한국에서의 난민 신청 기간 동안 우리는 교회에 얹혀살았고, 우리 둘의 생활비는 등원비가 공장에 다니면서 돈을 벌어와 보충하였다. 그러는 동안 나는 교회에서 원고와 일기장에 쓴 글들을 정리했다. 그래서 나는 늘 등원비에게 미안한 마음을 가지고 있다.

2003년 11월 30일, 일본의 민주 운동가 친구인 상임 선생이 나와 등원비에게 노트북을 보내주었다. 우리는 중국에서는 컴퓨터를 이용한 적이 없었기 때문에 컴퓨터 자판기가 정말 생소했다. 물론 나는 심천에 있는 PC방에서 일하긴 했지만, 인터넷만 할 줄 알았을 뿐 타자를 칠 줄은 몰랐다. 컴퓨터가 생긴 후 우리는 시간만 나면 둘이 돌아가며 타자 연습을 하기 시작했다. 그리고 마침내 컴퓨터로 자유롭게 글을 쓸 수 있게 되어 나는 얼마나 행복해했는지 모른다.

2004년 2월 10일, 나와 등원비, 원문서(袁文瑞)는 우리가 거주하는 작은 방에서 종종 중국 민주화 운동 인사들에 대한 문제, 당시의 지식층에 대한 문제 등 다양한 주제들에 대해 밤을 새워가며 열정적으로 토론하기도 했다. 이 기간 동안 나는 여러 가지 소재를 모으고 정리했으며, 컴퓨터를 이용해 약 9,400자의 《민주화 운동 인사와 반체제 인사의 차이》 라는 글을 집필하였다. 2004년 3월 19일, 이 글이 <중국민주당>에 공개된 후 반응이 꽤 좋았다.

3일이 지난 후, <중국민주운동 해외연석회의> 비서장 황자평 여사가 미국에서 나에게 전화를 걸어와 내 글을 매우 지지한다고 하였고, 위경생(魏京生)과 호주의 진진(秦晋)선생 또한 글이 정말 좋다는 의견을 주셨다. 그 외에도 중국에서 걸려온 듯한 전화를 받았는데, 그는 누군가에게 쫓기듯 허둥대며 "글을 정말 잘 쓰셨어요. 정말 가치 있는 글이에요. 하지만 제가 이렇게 전화하는 거 다른 사람들이 알 까봐 정말 무서워요" 하고는 전화를 서둘러 끊어버렸다.

결론적으로 이 글은 내가 24살부터 54살까지 쓴 글들 중에서 처음으로 외부에 공개된 유일한 글이었고, 그 글이 이렇게 파급력이 커질 것이라고는 생각지도 못했다. 이 일은 나에게 커다란 자신감을 키워주었고, 등원비도 자기 일처럼 기뻐해 주었다.

그 후 나는 30년 동안 마음속에 쌓아 두었고, 원고가 있지만 발표할 수 없었던 울분이 한순간에 터져 나오면서 컴퓨터로 미친 듯이 글을 쓰기 시작했다. 가끔 밥 먹는 시간까지도 아끼려고 라면으로 끼니를 때워가며 글을 썼다.

2007년 8월 중순, 나와 한국에서 친하게 지내던 마 씨 성을 가진 친구가 중국으로 돌아가게 되었다. 나는 그에게 내가 중국에 숨겨둔 원고를 가져다 달라고 부탁하였다. 하지만 등원비는 이 일은 너무 위험하다며 동의하지 않았고, 나는 이제 내 숨겨둔 원고들을 가져오지 않으면 안 된다고 그를 온 마음을 다해 설득하였다.

마 씨는 8월 21일에 한국을 떠났다. 8월 22일 오전, 그는 메신저를 통해 마 씨가 중국에 잘 도착했다는 소식을 전해 들었다. 그런데 무슨 일이 생긴 건지 8월 25일에 돌아온다던 그는 9월 3일이 되어도 소식이 오지 않았다. 메신저로 '원고 수령 실패'라는 짧은 문자만 전달받고 소식이 끊겼다. 얼마 후 전해 들은 소식으로는 마 씨가 8월 22일 저녁에 국가 안전국에 구속되어 12일 동안이나 구류되어 있었다고 한다. 안전국에 원고를 몰수당했고, 이 일은 등원비의 아내인 석몽연에게까지 영향을 미쳐 결국 얼마 후 둘은 이혼을 하게 되었다. 그녀는 안전국에 하룻밤 동안 구류되었고, 이 일과 관련이 없다는 것이 입증되고 나서야 석방될 수 있었다고 한다. 그때 등원비의 어린 딸이 하룻밤 동안이나 엄마를 보지 못했다고 생각하면 마음이 너무 짠하고 아프다. 진상을 알고는 나는 몹시 이 일을 후회했다. 등원비는 내게 "너무 힘들어하지 마세요. 원고는 아직 안전국에 보관되어 있잖아요. 별일이 없다면 다시 찾아올 수 있을 겁니다"라는 위로의 말을 건넸다.

몇 년 전에도 한번 원고에 대해 좋지 않은 일을 겪은 적이 있다. 시골에 숨겨놓은 원고들이 화재로 잃을 위험에 처했다. 주인집에서 장례를 치르고 있었기 때문에 원고를 넣어두었던 서랍 위에 촛불을 켜두었었고, 낮에는 주인이 밭에 나가 일을 했었기 때문에 촛농이 서랍 위에 흘러내려 한순간에 불이 나버렸다. 다행히 이웃집에서 일찍 발견했기 망정이지 그러지 않았다면 서랍이 불에 홀랑 다 타버렸을 것이다. 시골에 숨겨둔 다른 원고는 폭풍우가 몹시 치던 날 집주인 토굴집에 금이 가 많은 양의 빗물이 실내로 스며들었고, 원고를 넣어둔 상자가 물속에 잠겨버렸다. 다행히 원고가 비닐로 감싸져 있었기 망정이지, 그렇지 않았다면 원고는 폐기해야 했을 것이다. 여기까지 생각이 미치자 오히려 안전국에 보관된 원고들이 정말로 안전하다고 느껴졌다. 최소한 물이나 불 걱정은 안 해도 되니까….

나는 1974년부터 글을 쓰기 시작했지만 부대 내 사람들에게는 말은 잘하지만, 글은 잘 못 쓴다는 인상을 주었다. 비밀스럽게 글을 쓰고 싶었던 나는 이런 평가가 도움이 되고 안심도 되었다.

1970년 7월쯤, 나는 한 부대의 10중대에서 반장을 맡았었다. 그 당시 우리 중대는 '병사가 쓰는 평론'이라는 작업을 하고 있었는데 열정이 넘치는 <궐기 대회 보고회>를 한번 하고 나서는 전 연대의 병사들이 앞다투어 평론에 대한 글들을 쓰기 시작하였다. 나도 내 글을 전 연대 앞에서 낭독을 하였고, 열렬한 박수를 받았다. 이 소문은 퍼지게 되었고, 이후 연대 선전부에서 일했지만, 그때는 무미건조하고 난해한 글들만 몇 편 썼을 뿐이었다.

2. 사상은 밥이 될 수 없다

"사상이 밥 먹여주나?"

아내가 한 말이다. 시간이 지난 후 이 한마디가 늘 마음에 남았다.

90년대, 우리 집에 힘든 경제적 위기가 닥쳐왔다. 다른 집과는 달리 우리 집에는 아이가 둘이나 있어 지출이 꽤나 많았고, 내 아내가 다니는 신발공장의 월급이 줄어들었고 그리고 그마저도 제때 지급을 받지를 못했다. 이러한 상황인데도 나는 계속 글을 썼고, 생활에 대해 고민하지 않았다. 아내의 원망을 사기 전까지는….

1991년에 아내가 다니던 신발공장은 많은 사람들을 해고했다. 아내는 모범 노동자 였고, 반장이기도 했지만 결국 4월에 퇴사를 할 수밖에 없었다. 아내는 매우 강인한 성격이었고, 배운 건 없지만, 손재주가 많고, 참을성이 있는 사람이었다. 그런 아내가 하루는 내 책상을 힘껏 치며 말했다.

"글이 밥 먹여주나?"

"아직 먹을 밥이 있잖아?"

아내는 어이가 없다는 듯이 웃으며 말했다.

"오늘은 밥이 있지만, 내일은 밥이 없을 수도 있잖아?"

나는 얼른 말을 얼버무리며 말했다.

"천천히 생각하자!"

"좋아! 당신은 여기서 밥을 구할 방법에 대해 글을 써, 더 이상 설득하는 건 무리인 것 같으니… 애들 밥이나 잘 챙겨 주라고… 나는 공신촌에 다녀올 테니까…."

공신촌은 아내의 친정집이었다. 아내는 마치 작정한 사람마냥 이튿날 아침이 되자마자 자전거를 타고 집을 떠났다. 친정에 간 아내는 형제들의 도움을 받아 마을 사람들에게 몇 가지 음식 만드는 법을 배웠다. 3주 정도의 시간이 지나고 아내와 처남이 리어카에 음식을 만드는데 필요한 재료와 도구들을 싣고 돌아왔다. 아내는 집에 돌아오자마자 내게 말했다.

"어떻게 밥을 먹고 살 것인가에 대한 글은 다 썼어?"

나는 그냥 멋쩍은 웃음을 지을 뿐이었다. 그때 처남이 말했다.

“누님이 순두부를 만들 준비를 하는 중이에요. 집에서 시험 삼아 만들어 봤는데 정말 맛있었어요. 누님을 응원해주세요!”

“좋아!”

나는 반신반의하며 대답했다.

삼일 정도 준비 기간을 거친 후 아내가 만든 순두부가 판매되기 시작했다. 첫날 2시간 만에 순두부 큰 통이 전부 팔려나가더니 이후 며칠 동안 아내가 만든 순두부는 불티나게 팔려나갔고, 정말 맛있다는 소문이 온 마을에 돌았다. 그 후 아내는 매일 아침 6시에 노점을 열고 오후 2시에 장사를 마쳤다. 점점 순두부가 유명해지고 손님이 넘쳐났다. 더 많은 수익을 올리기 위하고, 아내는 파전을 만들기 시작했고, 장사는 점점 더 잘되기 시작했다. 아내는 일을 하면 할수록 기운이 났지만 나는 그리 마음이 편치 않았다. 파전을 팔기 시작한 이후부터 일손이 부족해지기 시작했다. 사람들도 여러 명 도움까지 받아 가며 아내는 장사에 더 열을 올렸다. 아내의 장사가 인기를 끌자 아내의 공장 친구들이 무리 지어 찾아와 아내에게 일을 배우기 시작했다. 아내는 열심히 일을 가르쳐주었다.

1995년에 우리 집의 순두부가 평일에는 150그릇, 주말에는 300그릇을 팔았고, 그 외에도 매일 50킬로그램의 밀가루를 팔았다. 여름에는 3, 4시면 일어나 작업을 하고 6시쯤에 노점에 도착하면 다시 작업을 시작한다. 잠시 후 사람들이 금새 많아지고, 준비한 물건들이 팔리기 시작한다. 아침에 노점을 열 때 아내는 항상 기운이 넘쳤지만 나는 힘이 들었다. 그렇지만 먹고 살기 위해서라면 불평불만만 하고 있을 수 없다는 생각이 들었다. 가끔 나 자신을 원망할 때도 있었다. 내가 무능하기 때문에 생계를 아내에게 떠넘기고 그것도 모자라서 아내에게 화를 내다니….

매일 밤 퇴근하고, 아내가 오늘 벌어들인 돈을 계산하며 들떠있는 모습을 볼 때마다 나는 그저 씁쓸하게 웃을 뿐이었다. 아내는 지폐 뭉치를 들어 보이며 말했다.

"왜 그래! 돈을 보고도 즐겁지 않은 거야? 당신이 글을 써서 돈을 벌어오길 기다렸다면 우리 집 식구들은 벌써 굶어 죽었을걸!"

나는 그 지역의 노점들이 철거될 때까지 근 9년 동안이나 아내를 도와 열심히 일했다. 9년 동안 어떤 상황이 닥쳐와도

자리를 지켰고, 휴업을 한 적은 단 한 번도 없었다. 다른 노점들은 간혹 휴업을 했지만 우리는 단 한 번도 쉰 적이 없다. 이렇게 힘들게 일을 해서 형편이 크게 좋아졌다. 주변 사람들이 내게 말했다.

"아내의 일을 잘 도와주라고…. 순두부로는 돈을 벌 수 있지만, 마르크스주의는 돈 한 푼 가져다주질 않지 않나. 돈이란 말이야 있다가도 없어지는 거고, 없다가 아예 없어져 버린다고."

이런 말을 들을 때마다 나는 그저 씁쓸한 웃음을 지을 수밖에 없었다.

집안 상황이 점점 나아지고 많은 책을 사게 되면서 아내의 불만이 늘기 시작했다. 나는 아내에게 한 달에 300위안을 넘기지 않겠다는 약속을 하면서 아내는 내가 책 사는 일에 관여하지 않게 되었다.

장사를 하면서 이전보다는 책을 읽거나 글을 쓰는 시간이 줄었지만 나는 독서를 멈추지 않았고, 짬짬이 글을 쓰는 것을 보고 아내는 우리 집에는 학생이 셋이라며 투덜거렸다. 이 말을 들은 장모님은 아내에게 말씀하셨다.

"남자가 집에서 책을 읽고 글을 쓴다는 것은 좋은 일이지. 언젠가는 큰 도움이 될 거야. 불평하지 마라!"

이렇게 9년 동안 나는 몸은 힘이 들었지만, 정신적으로는 편해서 대여섯 권의 원고를 쓸 수 있었다.

3. 책을 내지 못할 운명

1987년에 나는 《홍루몽 분석(红楼梦分析)》이라는 원고를 집필하기 시작했다. 드디어 탈고를 하고 나는 출판을 하기 위해 이것을 싸 들고 섬서성 인민(人民)출판사로 갔다. 출판 관계자는 나에게 30분을 줄 테니 당신이 쓴 원고의 주요 내용을 한번 자신에게 말해 보라고 했다. 그리고 천천히 나의 설명을 듣고 나더니 말했다.

"좋습니다! 그걸 여기 두고 가시면 제가 한번 검토해 보겠습니다. 정말 이 원고 안에는 당신의 깊은 생각들이 잘 담겨있군요. 좋아요."

나중에 주변의 말을 들어보니 출판사에서 이렇게 단번에 원고를 칭찬하는 일은 흔치 않은 일이라고 했다. 그래서 나는 내심 이번에는 잘 되지 않을까 하는 기대를 하고 좋은 소식이 올 때를 기다렸다.

한 달 후쯤 출판사로부터 연락이 와서 다시 출판사를 찾았을 때 담당자는 나에게 밝은 목소리로 말했다.

"이미 원고를 다 읽었어요. 예술적인 글이라 마음에 듭니다. 글의 양을 좀 줄이고, 너무 지나치게 비평을 하지 말고, 한 달 반 정도를 줄 테니 그 기간 안에 원고를 완성해 오세요."

나는 기쁜 마음으로 서둘러 집으로 돌아와 주변의 의견과 도움을 받아 가며《홍루몽 분석》의 원고를 다시 정리하였다.

그후 나는 명예퇴직을 했다. 아내는 앞으로 장사를 도울 일손이 하나 더 늘었다며 기뻐했지만, 나는 아내의 노점 장사를 돕는 것을 거부했다. 그러는 바람에 나는 아내와 자주 다투기 시작했다. 남들은 60세가 되어서야 정년퇴직을 하는데 나는 이제 겨우 47살인데 정말 아무 일도 안 하고 집에서 빈둥거릴 거냐며 화를 내었다. 놀고먹으면 산더미처럼 많은 재산도 금방 말아먹는다고… .

나는 단호하게 말했다.

"나는 글을 쓸 거야. 조용히 글을 쓸 거라고!"

"글을 쓰긴, 당신이 쓴 글을 난 한 번도 본 적이 없어! 글 따위는 때려치우고, 우리끼리 돈도 조금씩 벌어가면서 조용히 사는 게 최고 좋지."

"당신은 한 번도 내게 글을 포기하라고 한 적이 없었지, 근데 지금은 상황이 많이 나아졌는데 오히려 나한테 글 쓰는 걸 포기하라니…."

"옛날에는 당신과 나 두 식구였지만, 지금은 아이들이 결혼할 시기인데 돈이 없으면 어떻게 하겠어."

"맨날 돈 돈 거리는 것 정말 지긋지긋해!"

친구들의 중재로 우리 부부는 합의를 했다. 이전처럼 내가 출근하던 시간에는 글을 쓰고, 남는 시간에는 아내를 도와 노점에서 일을 하기로. 이렇게 시간을 조정해서 아내를 돕는 일은 1999년에 노점들이 철거될 때까지 지속되었다. 이렇게 먹고 사는 일에 지치면서 꼭 출판을 하고 싶었던 《홍루몽 분석》은 다시 방 한구석으로 밀어둘 수밖에 없게 되었다.

그러면서 우리 부부는 서로 평화롭게 지냈다. 겨울에 솜털 같은 눈이 가득 내리면 나는 따듯한 집안에서 글을 쓰거나 책을 읽었으며, 가끔씩 아내가 집으로 돌아왔을 때 "밖에 춥지 않아?"하고 물어보면, 아내는 대답은 하지 않고 차가운 두 손을 내 뺨에 가만히 대고 "어떤 것 같아?"하고 밝게 웃으며 말하고는 노점으로 돌아갔다. 매번 이럴 때마다 말할 수 없는 부끄러움이 내 마음을 괴롭혔다.

1997년, 등원비와《홍루몽 분석》을 다시 출판해보면 어떨까 하는 이야기를 나누었다. 그리고는 잊고 있었던 오래된 원고를 찾아내어 나는 조용히 다시 원고를 다듬었다. 등원비의 지인이 출판사에 있다는 말을 듣고 일말의 희망을 안고 우리는 함께 그 출판사를 찾아 달려갔지만, 이제는 출판사 사정이 어려워 출판이 어렵다는 말을 들을 수밖에 없었다.

문득 10년 전 내 책을 긍정적으로 봐주었던 그분은 아직도 여전히 그곳에 계실지 궁금해서 한 번 더 출판사 사무실에 가보았다. 그때 만났던 그 선생님은 많이 늙었지만 나는 한눈에 알아볼 수 있었다.

"선생님, 저를 알아보시겠습니까?《홍루몽 분석》의 원고를 쓴 사람이에요."

선생님은 옅은 미소 지었다.

"자네는 잊어버렸지만《홍루몽 분석》은 아직도 기억하고 있네. 나는 이 자리에서 은퇴한 지 이미 6, 7년이나 지났고 오늘은 밀린 월급을 받으러 온 거라네. 그게 아니었다면 나를 만나지 못했겠구먼."

나는 간단하게 이곳을 찾아온 이유를 설명하자 선생님이 말씀하셨다.

"아! 그때는 그때고 지금은 지금이죠. 내가 여기 있었을 때 출판사는 '나랏밥'을 먹고 있었죠. 내 손에도 권력이 있었고, 책을 출판하는 일은 모두 내가 결정했죠. 그때 자네의 책을 출판하려고 했었는데 결국엔 자네가 안 와서 아쉬웠지. 자네는 기회를 놓쳤네. 난《홍루몽 분석》을 출판할 준비를 했지만, 결국엔 자네도, 원고도 보지 못했었지. 기회는 한번 떠나가면 다신 돌아오지 않아. 지금 출판사는 더 이상 '나랏밥'을 먹지 않기 때문에 편집자들 모두 먹고살기 위해 스스로 노력하는데, 일 년에 네다섯 권의 책을 통해 먹고 사는 처지에, 누가 이런 어려운 책을 출판하려고 하겠는가? 젊은이 마음을 접게나. 자네의《홍루몽 분석》은 학술적인 문학작품이기 때문에 상부에서 자금을 지원해 주어야 간신히 출판할 수 있을 걸세!"

선생님과 작별한 후 나는 기분이 좋지 않았지만, 결과는 예상했었기 때문에 담담하게 집으로 돌아왔다. 아내가 일이 어떻게 되었는지 물어보자 나는 씩씩대며 대답했다.

"아무 결과도 없었어."

아내는 씁쓸한 미소를 지으며 말했다.

"내가 말했었지! 당신은 글 쓰는 재주는 있지만, 책을 낼 운명이 아니었다고!"

나는 평생 책을 읽고 글을 썼다. 그리고 그 글들은 나의 혼과 열정이 담긴 나의 분신과 같다. 그렇지만 나는 단 한 권도 책을 내지 못했다. 나의 사상을 받아들여 주지 않는 나의 조국이 그 이유이기도 했고, 내가 하고 싶었던 말을 내뱉을 수 없는 사회가 그랬다. 게다가 늘 삶에 찌들어 그럴 여유를 낼 수 없는 것도 작가로서의 나의 운명으로 받아들일 수밖에 없다.

나는 이런 모든 이유들을 가슴에 품고 내 조국, 중국을 도망쳐 난민의 신분으로 자유의 땅, 한국으로 왔다. 그리고 미친 듯이 글을 쓰고 그렇게 소망하던 나의 책을 내게 되었다. 나는 분명 책을 낼 운명이 아니었지만, 작가로 또 이렇게 새로운 운명을 살게 해준 한국에 감사하다.

아시아를 보라. 한국은 아시아 자유의 찬란한 등불이자 등대요, 희망봉이다. 나는 자유 대한민국이 독재에 시달리는 아시아 대륙을 향한 자유의 거대한 파도가 되길 간절히 희망한다.

자유 한국이여, 영원하라!

자유 대한민국이여,

암흑의 중화 대지에 자유의 빛을 비추어주소서!

나의 제2의 조국 대한민국이여!

중국 대륙과 인민의 가슴과 영혼에는

독재와 전제에 신음하는 눈물이 흐르고 있노라.

중국 인민의 어머니의 강 황하는

독재와 억압으로 더럽혀지고 오염되었노라.

오라, 한강의 물결이여!

어둠과 흑암의 땅 중화대지로!

흐르고 또 흘러 오라,

중국 인민의 가슴과 영혼 속으로.

자유와 민주의 강, 한강이여!

나는 오늘도 한강을 바라보며,

중국의 민주와 자유를 꿈꾸노라.
나는 오늘도 펜을 들어
중국의 자유와 민주를 위해
궁형을 당한 사마천의 심정으로 써내려간다.

"하늘이여, 땅이여!
천안문의 거룩한 영령들이여!
인류의 자유와 민주를 위해
피를 흘린
세계의 모든 영혼들이여!
중국의 민주와 자유를 도와주소서!

나 우쩐룽이 엎드려 빕니다.
나 우쩐룽이 글로써 호소합니다.
나 우쩐룽이 피눈물로 부르짖습니다.
나 우쩐룽이 영혼에서 홍수처럼 흐르는 눈물로,
하늘에 사무친 맘으로 기도합니다."

2020. 6. 4. 서울에서 우쩐룽

2020년 우쩐룽 작가 인터뷰

첫 난민 인정후 언론 인터뷰

'6.4천안문학살' 31주년을 맞이하여

대한민국 국민과 자유 세계시민에게 드리는 호소문

"중국민주화는 북한의 핵무기 해결과
한반도 통일의 지름길입니다!"

2020년 우쩐룽 작가 인터뷰

어렸을 때의 꿈은 무엇이었나?

나는 학교 다닐 때 공부도 곧잘 잘하고 리더쉽도 있어서 내내 반장을 했다. 그리고 특히 그림을 잘 그려서 칭찬을 많이 받고 자라서인지 자연스럽게 화가가 되고 싶다는 꿈을 가지게 되었다. 그런데 <문화대혁명> 때 내 꿈이 바뀌었다. 나는 다른 사람들보다 그림과 만화에 재능이 많아서 주로 대자보를 쓰거나 그림을 그리는 것을 맡았다. 그러다 보니 늘 사람들 눈에 띄게 되고 빨리 리더의 위치에 서게 될 기회도 많이 얻게 된 것 같다.

그 당시에는 그 일을 하는 것이 내게는 의미도 있고 재미도 있었다. 그러다 얼마 지나지 않아 점차 이 활동에는 문제가 있다는 생각을 하게 되었다. 사람들은 모이기만 하면 패를 나누어 다투기 시작했다. 나는 점차 희망을 잃어 갔고, 그림도 그리지 않게 되었다.

한국으로 도망 나올 때 정말 가족들은 몰랐는가?

한국에 올 때 가족들은 전혀 몰랐다. 만약 알았다면 절대 가지 못 하게 말렸을 것이다. 가족들은 나에 대해 많은 걱정을 했고, 문제가 생기지 않을까 염려했다. 아내는 사상에 대해서는 아무것도 모른다. 그렇지만 내가 공산당을 반대하는 것 정도는 안다. 가족들은 내가 왜 이렇게 어렵게 사는지 이해하지 못했다. 한국에 도망 나온 지 5일째 되는 날 친구인 등원비가 중국으로 전화를 해서 이제 다시는 내가 중국으로 돌아갈 수 없게 되었다고 하자 아내는 그 자리에서 대성통곡을 했다고 한다. 아내의 전화를 받고 심천에 있던 자녀들이 급하게 고향으로 내려왔다고 한다. 나는 아내와 가족들에게 미안한 마음이 들어 차마 전화를 할 수도 없었다. 그래서 한국의 한 방송관계자가 내 목소리를 담은 녹음을 전화기에 들려주었다고 한다. 아내는 그때 만약에 자신이 알았다면 '내가 절대 한국으로 못 가도록 말렸을 것이다. 내 남편이 우리 가족들을 불구덩이에 몰아넣은 것이나 다름없다. 나는 지금 자살하고 싶은 생각밖에 없다. 나와 가족들은 중국에서 이제 앞으로 어떻게 살아야 할지 정말 막막하다. 도대체 남편은 한국으로 도망가서 지금 어떻게 살고 있는지 궁금'해 했다고 전해 들었다. 나는 그 후 5개월이 지나서 처음으로 아내와 첫 통화를 했다. 그때 아내는 나를 몹시 원망하고 있었다. '당신은 양심이 없다. 나와 가족들을 모두 포기했다'는 말을 격앙된 목소리로 말했다. 내 마음은 미안함으로 한동안 편치가 않았다.

한국으로 도망 나오고 나서 가족들에게 드는 마음은?

내가 제일 미안한 것은 아내다. 내가 한국으로 도망 나왔던 해에 내 아내는 50살이었다. 돈을 좀 벌면 나이 들어서 여유롭고 행복하게 살고 싶다는 아내의 꿈이 일순간 사라져 버린 것이다. 우리가 헤어지고 3년 동안 아내와 가족들은 웃음을 잃었다. 하루는 딸이 전화를 해서 내가 없는 명절이 참 쓸쓸하다며 모든 가족들이 울고 있다고 말했다. 이 말을 듣고 내 마음이 너무 아팠다. 아내와는 그간의 정이 깊어 아직도 이혼을 하지 않고 있다. 우리는 서로의 안부가 궁금하고 많이 생각이 나지만 지금으로서는 어찌할 방법이 없다. 한번은 내가 딸에게 '네 엄마가 이제는 재혼을 했으면 좋겠다'는 말을 한 적이 있다. 딸은 내가 죽으면 가능할지 모르겠다며 그런 말은 앞으로 다시는 하지 말라고 딱 잘라 말했다.

아내는 많이 배우지는 못했지만 젊었을 때 아주 많이 예뻤다. 2010년에 아내와 아들이 한국에 한 번 다녀갔다. 아내는 지금 중국에서 손주들을 보며 평온한 일상을 보내고 있을 것이다. 그런데 안타깝게도 아들은 며느리와 이혼을 했다. 아내는 한국으로는 오고 싶어 하지 않는다. 원래부터 이런 일에 관심도 없었을 뿐만 아니라 그러다 자녀들까지 문제가 생길까 봐 많이 조심하며 지내고 있다. 아내는 중국이 좋다고 생각하는 평범한 중국인이고 그래서 아무 문제 없이 잘 지낼 수 있는 거라고 생각한다. 예전에 나와 비슷한 사유로 중국을 떠나 대만으로 도망갔던 사람이 다시 중국에 들어가서 12년 형을 언도받았다.

중국에서 부인과 가족들은 사는 데 별 문제가 없었는가?

아내는 오랫동안 국영 신발공장에서 일을 해서 퇴직금이 꽤 나왔다. 그래서 그런대로 사는 데는 지장이 없을 것이다. 나도 회사를 그만두고 나서는 아내와 함께 두부를 만들어 팔았는데 이 두부가 참 인기가 있었다. 그래서 10년 동안이나 꽤 두부를 많이 팔아서 돈을 벌었다. PC방도 운영해서 거기에서도 수익이 있었다. 아쉽게도 나의 퇴직금은 한국으로 오고 나서 3개월 만에 중지되었다.

한국에 처음 정착했을 때 어려움은 없었는가?

한국 생활은 처음에 정말 적응하기 어려웠다. 중국을 도망쳐 나올 당시 내 주머니에는 중국 돈 5만 원(600만 원)이 전부였다. 이 돈은 도착하고 얼마 지나지 않아 금방 다 써버리고 한 푼도 남지 않았다. 한국 법무부에서 우선은 여관으로 가라고 해서 하루 2만5천 원의 자비를 들여 남자 둘이 묵었다. 낯선 그곳에서의 생활은 참 힘들었다. 짜장면 한 그릇으로 하루를 견디던 날도 있었고, 마음이 점점 피폐해져 갔다.

이제 곧 돈이 다 떨어지고 나면 거지꼴로 이 거리 저 거리를 돌아다니게 될지도 모른다는 생각을 하며 처참한 하루하루를 보냈었다.

그때 우연히 한 식당에서 아르바이트를 하고 있는 여학생을 만났다. 우리가 오갈 데도 없는 처지인 것을 눈치채고는 딱해 보였던지 안쓰러운 눈길로 자주 우리를 바라보곤 했다. 하루는 우리에게 말을 걸었다. 당신들같이 어려운 중국인들을 도와주는 곳이 있다. 무조건 교회로 가라면서 쪽지에 한글로 <중국동포교회>의 주소를 적어주었다. 이걸 택시 기사에게 주면 그곳으로 데려다줄 것이라고 했다. 우리는 그날 당장 그곳으로 가야겠다는 생각이 들었다. 저녁 7시쯤 눈이 펑펑 오는데 사람들에게 물어물어 그 교회를 찾아갔다. 그리고 감사하게도 우리는 그 교회의 도움으로 당장의 어려움들을 해결할 수 있었다. 그곳을 알려준 그 여학생이 지금 생각해도 얼마나 고마운지…. 생명의 은인이 아니었을까. 교회는 예상대로 우리를 따뜻하게 맞아주었다. 나중에 법무부에 갔을 때 우리가 어떻게 사는지 물어보았을 때 우리는 대답했다.

"당신들이 우리에게 밥을 주지는 않았지만, 하나님이 우리에게 밥을 주고 있다."

지금은 한국에서 기초생활수급자로 매월 받는 70만 원으로 소박하게 살아가고 있다. 이런 복지혜택을 누릴 수 있게 해준 한국의 복지정책에 감사드린다. 비록 풍족하지는 않지만 생존에는 어려움이 없다.

최황규 목사를 항상 은인이라고 하는데 처음 어떻게 만나게 되었나?

내가 한국에 와서 가장 행운이라고 생각하는 일이 최 목사를 만난 것이다. 한국에 온 지 22일째 되는 날에 우리는 최 목사를 만났다. 그 때 최 목사는 <서울조선족교회>에 있었다. 그때부터 최 목사는 지금까지 내 곁을 지켜주는 좋은 동행자이다. 최 목사는 언제나 정신적으로 나를 지지해준다. 한국내 지인들 중에서 중국에 대한 이해가 가장 높고, 신앙적으로도 나를 이끌어주는 종교적인 스승이다.

최 목사의 <서울중국인교회>는 처음 3명으로 시작했는데 모두 내 지인들이었다. 우리는 충심으로 최 목사를 지지했다. 2009년 나는 동사무소에서 매월 32만 원을 받아 생활한

적이 있다. 그때의 내 생활은 빈곤하기 짝이 없었다. 그것으로 집세를 내고 나면 정말 남는 돈이 없었다. 나는 늘 글을 썼고 일을 할 수 없었다. 그때 최 목사가 박순규 전도사로부터 매월 재정적 지원금을 수년간 받게 해 주었다. 이런저런 어려움을 겪을 때마다 최 목사는 나에게 큰 힘이 되어 주었다.

지금도 눈에 선한 그 날. 눈이 엄청 많이 오던 날이었다. 최 목사가 어깨에 전기담요와 장판을 한 아름 어깨에 메고 우리 집을 찾아와 춥지 않았냐며 냉랭하게 식은 잠자리를 따뜻하게 봐주었다. 내가 관절염이 있는걸 아니까. 이때 정말 감동적이었고 천사가 따로 없다 싶었다. 내가 어떻게 지내는지 늘 세심하고 살뜰하게 챙겨준다. 나이가 들면서 눈도 아프고, 귀도 멀어지고, 관절염도 심해지고, 허리도 아프고, 이빨도 빠지고… 이렇게 몸이 아플 때마다 곁에서 나를 돌봐주었다. 교회로 들어온 많은 기증품들도 나에게 나누어주셨다. 최 목사는 나의 가족과 같은 존재이다. 몸 뿐 아니라 마음이나 정신, 시련도 극복하도록 도와주었다.

최 목사의 책 <황하의 물결>을 보면 그분의 깊은 생각을 알 수 있다. 난 황하에는 못 가봤지만…. 한국인으로서 중국에 대한 애정이 있어 제목도 그렇게 짓지 않았을까 생각해 보기도 했다. 황하는 중국에서도 어머니의 강이다. 쉬버가 한국으로 탈출해와서 고립무원에 빠졌을 때 최 목사가 그를 따듯하게 품어주고 보호하였다. 처음 최 목사의 <황하의 물결> 중국어판이 출판되고 중국인 교인들이 이 책을 읽었을 때 울지 않은 사람들이 없었다. 이 책 한 권이 중국과 한국을 이어주는 끈과 같이 가치 있는 책이라 생각했다.

한국은 중국과 어떻게 다른가?

내가 한국에 와서 느낀 것은 자유의 나라는 역시 다르다는 것이다. 중국에 있을 때는 한국은 자본주의라 여러 가지 압박이 큰 나라가 아닐까 생각했다. 한국에 온 다음에 한국의 자유주의를 보고 나니까 중국도 자유주의가 되면 좋겠다는 생각이 많이 들었다. 자유주의가 나라를 발전시킨다. 그동안은 이론으로 알았지만 한국에 직접 오니 체득할 수 있었다. 북한은 왜 그렇게 못 사는지…. 한국의 경제 성장률도 대단하다는 생각을 많이 했다.

중국에서는 정말 한국을 몰랐다. 5.18운동에 대해 생각했다. 중국이 한국을 배웠더라면 중국은 더욱 발전했을 것이다. 국민이 뽑아야 하는 선거도 공산당은 그렇지 않다. 그냥 조작에 의한 것이다. 중국인들은 한국에 와서 일하는 건 작은 기업에서 일하는 것이지 대기업이 아니다. 때문에 중소기업에 대한 정책이 아주 좋은 것 같다. 옛날에 생각하기에는 한국은 대기업에만 공을 들인다는 생각을 했지만 와보니 그렇지 않은 것 같다. 중국에서 일자리를 못 찾으면서 왜 한국에 와서 일하냐 물어본 적이 있다. 한국의 경제 제도는 전 세계적으로 자본주의로 발전하는데 통일적인 정책인 것 같다. 한국에서는 청소를 싹 하고 집에 가는데 중국에서는 그런 법이 없다. 한국에 와서 건설 현장에서 일해본 적이 있는데 노동자들이 꼼수를 부리지 않고 참 성실하게 일한다. 중국은 꼼수를 부리며 놀려고 한다. 한국 사람들이 이렇게 하는 것은 도덕적인 문제이다.

중국에서는 좀도둑질을 쉽게 볼 수 있다. 중국에서 하루 동안 두 번이나 바지에 칼자국이 있었다. 한국에서는 도둑질하는 것을 본 적이 없다. 무엇 때문에 한국은 도둑이 없을까. 그 해답을 찾은 것 같다. 프랑스의 18세기 철학가가 이야기한 것이 있다. 자유가 한 나라 국민의 도덕성을 향상시키는 것이다. 한국인들이 많은 사람들이 민주화에 더 관심을 가졌으면 좋겠다. 한국의 최 목사 같은 사람들이 많았으면 좋겠다.

한국에 대한 부정적인 시각은 없는가?

한국에 와서 임대주택을 신청했는데 나와 같은 중국인들에게는 기회를 안 주는 것 같다. 난민들에 대한 처우는 전 세계적으로 한국과 태국이 가장 나쁘다고 알려져 있다. 미국이나 독일이나 프랑스까지 초청장이 왔는데 내가 갈 수가 없다. 내가 생활이 곤란해서 그렇다. 일본이나 호주의 친구들이 나를 보러오지 나는 그 나라들에 갈 수가 없다. 내가 돈이 없으니까. 재산을 가질 수 있는 방법이 없다. 집도 없고 아무것도 없다.

이건 내 개인적인 생각이고 한국의 민주주의에 대해 많이 소개해야 한다. 경제적으로 좋아진 것은 아는데 민주주의가 한국을 발전시키는 것은 모르니까. 한국이 중국을 압박해 주어야 한다. 자유민주주의는 한국이 더 수준이 높은데 중국은 한국을 잘 모른다. 한국 사람들이 남북 통일에 대해 관심이 적은 것 같다. 잘 사는 사람들은 더욱 그런 것 같다. <서울중국인교회>에서도 남북 통일 기금을 만들고 있다.

앞으로 한국 생활을 어떻게 하고 싶은가?

인터넷에 글을 쓰는 것은 앞으로도 계속하고 싶다. 이미 홍콩의 자유화 운동에 대한 글은 많이 썼고 반응을 보이는 추천 글도 많이 올라왔다. 내 글과 활동에 관심이 많은 사람들로부터 편지도 많이 오고 있다. 앞으로 시간이 될 때마다 나에게 보내온 편지들에 답도 보낼 예정이다.

그리고 시집도 하나 준비 중이다. 이 글은 대부분 한국에 와서 새로운 형식의 글로 재구성하였다.

첫 난민 인정후 언론 인터뷰

이 인터뷰 내용은 그동안 우쩌룽 선생과 18년을 동행해온 최황규 목사가 중국 민주화와 관련해 한국인들이 궁금해하는 점들을 선별해 문답으로 진행한 것이다(편집자 주).

중국반체제민주인사로서 한국에서 처음으로 난민 인정을 받은 소감은?

이 일은 우리에게 참으로 값진 결과다. 정의롭고 공정한 판결을 내려준 대한민국 대법원에 감사한다. 한국은 법치주의 나라이자 자유와 민주의 나라임을 대법원이 입증했다. 대법원의 공의로운 판결은 아시아에서 대한민국의 위대함과 국격을 높인 것이라 생각한다.

그동안 30여 년간 글을 써왔다고 하는데

중국에 있을 때, 총 30권 분량의 원고를 썼다. 다 합해서 중국어 약 800만 자 분량이다. 중국에서 이 원고들을 출판하려는 생각을 안 한 것이 아니다. 문제는 출간을 할 수 없다는 데 있다. 중국은 전 세계인이 알듯이 출판의 자유가 없다. 얼마전 홍콩의 출판사 관계자들이 실종되었다가 중국 공안에 비밀리에 대륙으로 잡혀간 사건도 있지 않나? 만일 내가 책을 출간하고 발표했다면, 그 결과는 상상할 수 없다.

어떤 내용인가?

연구서다. 학술 범주에 속한다. 엄격히 말하면, 학술 작품이다. 하지만 전제주의 중국에는 학술의 자유가 없다. 이 원고는 정치적 고압선을 건드렸다. 중국의 전제주의(독재)에

물든 사람들이 내 작품을 보면 '위험 사상'이라 판단할 수밖에 없다.

중국인 대다수가 현재 공산당의 지도를 지지하고 있다. 중국은 개혁개방. 중국식 사회주의를 통해 상전벽해의 경제 발전을 이루었다. 그런데 민주화가 왜 필요한가?

중국인들이 중국 공산당 독재를 지지하는 것이 아니다. 공산당 독재는 중국의 역사 발전 과정에서 태어난 산물이다. 중국의 인민들은 실은 마음속으로 민주를 응원하고 지지한다. 중국 경제가 발전했지만, 그 결과 이제 인민들의 정치적 요구가 더 높아졌다. 이에 따라 중국은 민주제도가 들어서지 않으면 안 된다. 한국인들도 생각해 보라. 박정희 시대에 한국 경제가 발전하지 않았나? 그렇지만 당시 한국 국민들은 민주에 대한 요구도 강렬하지 않았나? 민주와 자유는 세계적 조류다. 민주는 인류문명 발전 과정에 있어 필연적 결과다. 중국이 예외가 될 수 없다.

중국 공산당 지도부는 서방의 민주주의가 중국에 맞지 않는다고 말한다. 중국식 민주주의가 있다고 한다. 어떻게 생각하는가?

민주주의가 서방의 제도이기 때문에 중국 현실에 맞지 않는다고 하는 것은 터무니없는 소리다. 한국과 일본도 모두 아시아 국가 아닌가? 그렇지만 두 나라 모두 민주제도를 실행하고 있지 않나? 그리고 대만을 보라. 대만은 중국인들이 살지 않나? 민주제도가 비록 서방에서 태어났지만, 그 운용 가치는 세상 사람들이 다 인정하지 않는가. 한마디로 민주제도의 실행은 나라와 민족이라는 한계가 없다. 민주제도는 세계 보편적인 것이다. 자유와 민주는 세계적 조류이다. 중국 공산당은 이 세계적 조류를 거부하고 있다.

나는 홍콩이 중국에 귀속되기 전, 영국의 마지막 홍콩 총독 펑딩캉이 쓴 글을 읽었다. 그는 “중국은 위험한 선례를 시작했다. 그것은 중국이 민주화의 길을 걷지 않으면서도 경제가 발전하는 것이다”라고 했다. 중국의 민주화를 염원하는 중국 민주인사들은 그 나쁜 선례에 온 힘을 다해 반대한다. 만일 중국에서 민주제도가 지지받지 못하고 실현되지 않는다면, 중국경제 발전의 과실은 중국 인민들에게 부의 분배 문제를 일으키고 거대한 불공평을 초래할 것이다. 이런 결과는 이미 중국에서 일어나고 있다. 중국의 부는 극소수에 집중되어 있다. 이런 상황을 민주제도로 교정하지 않는다면, 필연적으로 중국 사회에 대동란(大動亂)이 일어날 수밖에 없다.

중국은 5천 년 역사 가운데 한 번도 민주 정부를 세워 본 적 없는 왕조 중심의 전제국가였다. 이런 중국이 민주주의를 실현할 수 있다고 보는가?

중국 문화의 뿌리를 보면 그 안에 민주라는 희미한 흔적이 있다. 사실 한국의 단군조선 시기에 중국은 역사적으로 고증할 수 있는 공화제도(BC 841년)가 있었다. 춘추전국 시대에 이르러서는 공자의 계승자인 맹자가 명확하게 이렇게 제시했다. "백성이 가장 중요하고 사직은 두 번째이며 왕은 가장 가벼운 존재다." 또한 캉유웨이(청나라 말기 사상가, 정치가)가 광서제에게 청원서를 올릴 때 이미 그 안에 민주사상이 들어 있었다.

20세기 초 국민당 혁명과 공산당 혁명이 일어났다. 그 후 중국에는 인민들이 광범위하게 참여한 민주운동이 여러 차례 일어났다. 이런 모든 것을 근거로 해서 볼 때, 중국에는 민주사상과 민주적 씨앗들이 곳곳에 존재했다. 하지만 불행히도 이것이 근대 민주제도로 발전할 기회가 없었다.

한국의 민주화가 중국 민주화에 어떤 영향을 끼치는가?

1982년 내가 인민해방군 정치 교관으로 근무할 때 이런 제목으로 강의했다. '한국의 민주화 : 한국을 떠들썩하게 한 양 김'(김영삼, 김대중 전 대통령을 일컬음). 한국의 민주화운동에 대해 나는 적극적인 평가를 했다. 강의 후 학생들에게도 좋은 평가를 받았다. 한국이 민주혁명을 실현한 후 중국 정부 측에서는 침묵을 유지했지만, 중국의 많은 청년들에게 커다란 인상을 남겼다. 1919년 조선의 <3.1독립만세운동>은 중국의 <5.4운동>에 불을 붙였다.

나는 중국에 있을 때 주변 사람들에게 말했다. 한국은 아시아에서 용의 머리에 해당하는 국가라고. 나는 지금도 이 관점을 견지하고 있다. 일본은 아시아 국가로서 민주제도를 실현하고 있지만, 한국과 같은 그릇이 못 된다. 한국과 같은 장구한 민주화 항쟁도 없었고 전 세계가 우러러보는 5.18 민주화운동 같은 것도 없었다. 세습을 하는 일본 정치가들은 한국 정치가들처럼 평민적 배경이 없다. 2차 세계대전 시기 아시아에 저지른 만행에 대한 반성과 사과도 부족하다. 한국인들은 자부심을 가져야 한다. 한국은 서구 사회에 비해 민주화가 훨씬 늦게 이루어진 나라다. 하지만 중국에는 '늦게 온 사람이 높은 자리에 앉는다'는 말이 있다. 한국의 경제 발전과 민주 발전. 이 두 가지는 이미 세계 속 '높은 자리'에 앉아 있다.

만일 중국에 민주화가 실현될 경우, 중국의 정치·경제·문화·과학 등 모든 방면에 한층 더 깊은 발전이 이루어진다고 보는가? 중국 인민들은 어느 정도까지 민주제도를 받아들일 수 있는가?

좋은 질문이다. 민주화가 이루어지면 중국의 문화는 대발전을 하게 된다. 마찬가지로 경제·과학·교육 등 모든 분야가 신속한 발전을 이룰 것이다. 위대한 사상가, 철학가, 정치가,

기업가들이 더욱 가시적으로 나타날 것이다. 1966년 이후 중국에서는 민주화를 요구하는 운동이 몇 년에 걸쳐 주기적으로 일어났었다. 이 점에서 중국은 북한과 쿠바와 다르다.

나는 중국 인민이 민주주의를 받아들이는 데 있어 그 수준이 매우 높다고 말하고 싶다. 이것은 결코 빈말이 아니다. 1966년 일어난 문화대혁명, 1976년 천안문운동, 그리고 1989년 6.4 천안문 대학생 민주화운동은 세계적으로 잘 알려진 운동이 아닌가? 이를 볼 때 중국 인민이 민주를 받아들이지 않는 것이 아니다. 공산당의 전제주의가 민주를 억누르고 있다는 것이 문제다.

현재 세계 국가들이 중국과의 경제무역 관계로 중국 민주화에 침묵하는 상황이다. 세계는 거대한 중국 시장을 통해 먹고사는 문제를 해결하려 한다. 이것이 현실이다. 이런 상황에서 민주 중국은 경제무역 차원을 뛰어넘는 유익을 어떻게 끼칠 수 있는가? 중국 민주화가 한국에는 어떤 유익을 줄 수 있는가?

중국은 14억의 대국이다. 중국 민주화는 인류 평화를 위해 절대적이다. 아울러 중국 민주화는 세계사적 '대사변'이다. 첫째. 중국 민주화는 한반도 통일의 지름길이다. 현재 북한의 무모한 억압과 독재, 북한 민중을 노예로 만들어 기아에 시달리게 하고 핵무기로 세계를 위협하는 북한의 후견인이 누군가? 그러므로 중국이 민주화되면 북한은 자연적으로 민주 통일 한국으로 통합될 것이다. 그러면 민주 중국과 민주 통일 한국, 민주 일본, 민주 미국은 서로 손잡고 세계 평화를 세워 갈 수 있는 길이 열린다. 지구촌에 민주와 자유, 인권이 보장되는 세계를 만들어 갈 수 있다. 인류는 지구라는 하나의 운명공동체 속에서 살아간다. 환경오염이 얼마나 심각한가? 인류의 역사는 전쟁의 역사 아니던가. 그러므로 온 인류의 항구적 평화, 공동 번영, 자유와 민주, 인권을 위해 중국 민주화는 절대적으로 필요하다. 뜻을 함께하는 한국인들이 중국 민주화를 돕고 지지해 주기를 바란다.

중국의 기독교는 어떤 상황인가?

명목상은 종교의 자유가 있지만 실질적으로 없다. 중국 공산당의 압박을 받는 중국 가정교회의 수난을 보라. 삼자

교회는 중국 공산당의 하수인에 불과하다. 진정한 기독교라 할 수 없다.

가정교회는 무수한 순교의 피를 뿌리며 희생했다. 사실 이것이 진정한 기독교의 맥이다. 서방의 민주와 자유는 기독교 정신에서 비롯되었다. 한국도 구한말, 일제강점기, 6.25 전쟁 속에서 기독교가 온갖 희생을 치르며 헌신하지 않았나? 그렇기에 한국 기독교가 위대한 것이다. 민족의 고난의 십자가를 어깨에 짊어졌고, 민족을 일깨웠다.

나는 중국의 기독교인들이 진정 중국을 변화시킬 누룩이요 그루터기라 본다. 기독교인들의 섬김, 나눔, 희생, 헌신은 중국의 진정한 변화를 가져올 것이다. 현재 중국인들은 배금주의에 휩싸여 있다. 독분유사건을 보라. 신생아들이 죽어도 돈만 벌면 그만이란 말인가. 시궁창에 흐르는 썩은 기름을 다시 모아 팔기도 한다. 가짜, 짝퉁이 판을 친다. 이것은 대국으로서 중국의 수치다. 고위 관리의 부패는 하늘을 찌른다. 모든 일들이 뇌물로 해결된다. 중국 인민의 정신을 새롭게 개조하는 길은 유물론과 무신론이 아니라 하나님께로 돌아가는 것이다. 이렇게 되도록 하는 것이 중국 기독교의 역할이다. 그러기 위해 중국 민주화가 필요하다.

조선왕조 때 조선인들은 중화사상에 물들어 있었다. 조공을 하며 소중화(小中華)를 자처했다. 결론이 무엇인가? 일본의 식민지배 아니었나. 서학을 받아들인 조선의 천주교인들은 수만 명이 목이 잘려 순교의 피를 뿌렸다. 기독교가 조선에 들어왔을 때 엄청난 핍박을 받았다. 이것이 조선 기독교사요 한국 기독교사다. 그런데 그런 한국 기독교가 왜 중국을 향해서는 꼬리를 내리는가? 한국 기독교가 정통 중국 기독교의 순교와 고난에 눈감을 수 있는가? 한국 기독교는 아시아의 희망이요 전 세계 기독교의 희망이다. 이 위상을 알고 행동했으면 하는 바람이다. 시진핑 등장 후 중국 기독교는 가혹한 탄압을 받고 있다. 중국 기독교의 암흑기다. 한강의 기적, 민주화의 기적을 이룬 한국은 세계사의 희망이요 모델임을 한국인이 더 깊이 인식했으면 한다.

'6.4천안문학살'
31주년을 맞이하여

대한민국 국민과 자유 세계시민에게 드리는 호소문

"중국 민주화는 북한의 핵무기 해결과 한반도통일의 지름길입니다!"

존경하는 한국국민 여러분! 그리고 동포 여러분, 자유 세계시민 여러분, 형제자매 여러분!

나는 중국의 저 찬란한 <6.4 천안문 민주화운동> 31주년을 맞이하여 비감과 분노의 마음으로, 1989년에 있었던 '6.4' 천안문 열사들의 영령과 비명횡사한 자들의 떠도는 영혼을 위하여 깊은 애도를 표하며 그들의 용감한 죽음과 이름 없는 희생에 침통한 슬픔을 표합니다. 그들이 하늘에서 영혼의 안식을 누리기를 기원합니다!

31년 전 6월 4일, 중화인민공화국의 수도 북경에서 전 세계를 경악케 한 '6.4 천안문학살사건'이 발생하였습니다. 평화로운 방식으로 민주화를 요구하던 1,000여 명 이상의 나이를 불문한 사람들이 줄줄이 적나라한 폭력진압 앞에 유린을 당하였고 이후 중국은 크나큰 수치를 안게 되었습니다.

우리 민족은 20세기 말의 '개혁개방'으로 자유를 얻은 것이 아니라 오히려 공산독재의 학살이라는 위협 아래 국가공포주의 시대로 진입했습니다. 이렇듯, '6.4학살사건'의 해악은 통치자에 의해 수천의 중국인이 잔혹하게 살해된 것에 그친 것이 아닙니다. 더욱 중요한 것은 이것이 중국인의 인격을 해체시키고 그들의 존엄성을 침해하였으며 그들의 양심을 유린하였고 그들의 영혼을 우롱하여서, 우리 중국인의 수준을 짐승 수준 이하로 떨어뜨렸다는 것입니다(중국에서는 야생동물조차 법률적 보호를 받고 있습니다).

이에 나는 '6.4' 31주년을 앞두고 한국국민 여러분께 이러한 사실을 증언하고자 합니다.

나는 이번 <6.4 천안문 민주화운동>에 즈음해 '6.4학살'

에 의해 명맥이 끊어진 중국의 민주화 과정을 다시 일으키고자 합니다.

이를 통해 공산당 독재 통치집단에게 강력한 압력을 주고 그들로 하여금 같은 지구상에서의 민주화 조류를 역행한 정치가 얼마나 사람들의 지지를 받지 못하는지 알게 하고, 그들로 하여금 자신의 정치 전망에 각성을 일으키도록 촉구하며 21세기를 살아가는 중국 통치자들이 돌이킬 수 없는 나락으로 떨어지지 않도록 경고하고자 합니다.

마지막으로 나는 한국 조야와 한국 국민에게 다음과 같이 간곡히 호소합니다.

중국 민주와 중국민주화운동을 지지해 주십시오! 한국은 중국과 같은 <5.18 광주민주화운동>을 겪었습니다. 같은 아픔을 당해본 사람들의 마음은 매우 밀접한 관계가 있을 뿐 아니라 한국과 중국은 대대로 우호적인 우방으로 중국 민주화를 돕는 것은 바로 한국을 돕는 것입니다. 한국국민 여러분! 미래의 '민주 중국'이 가장 믿음직한 한국의 친구가 될 것임을 누가 의심하겠습니까?

한국 국민 여러분!

중국의 민주화를 지지해 주십시요! 우리 중국 민주화 운동이 공산당 독재 정부의 통치 행보를 거두어들일 수 있을 만큼 강해지도록! 그날이 오면 아시아의 가장 완고한 전제주의의 요새는 두려움에 떨게 될 것이며 이로 인한 도미노 효과는 정치적으로 중국독재 통치에 기대고 있는 북한이 지지자를 잃어 버려 급속히 패망하도록 만들 것이고 한국의 골칫거리이자 세계의 문제인 북한 핵 문제도 근본적으로 해결되며 이로써 한반도의 위대한 자유민주주통일 또한 현실로 될 것입니다. 이것으로 대한민국은 아시아 민주화 역사에 찬란한 한 페이지를 장식하게 될 것이며, 이는 한국국민의 영원한 자랑이자 중국 인민의 감격과 아시아 인민의 자부심이 될 것입니다!

한국국민 여러분 그리고 대한민국의 각 정당과 뜻있는 인사들에게 호소합니다. 우리를 지지해 주십시오!

'중국 민주화는 곧 한반도통일의 지름길이기 때문입니다.'

2020년 6월 4일 서울에서

<중국민주운동해외연석회의> 한국지부 부장 우쩐룽

Photo Story

2010년 10월 노벨평화상 수상자인 류샤오보 선생 석방촉구대회에서
성명서 낭독. 주한 중국대사관 앞.

2008년. 1988년 <버마민주항쟁> 20주년 기념행사에서. 서울.

2003년 9월 7일. 서울중국인교회 개척예배 후. 가리봉동.

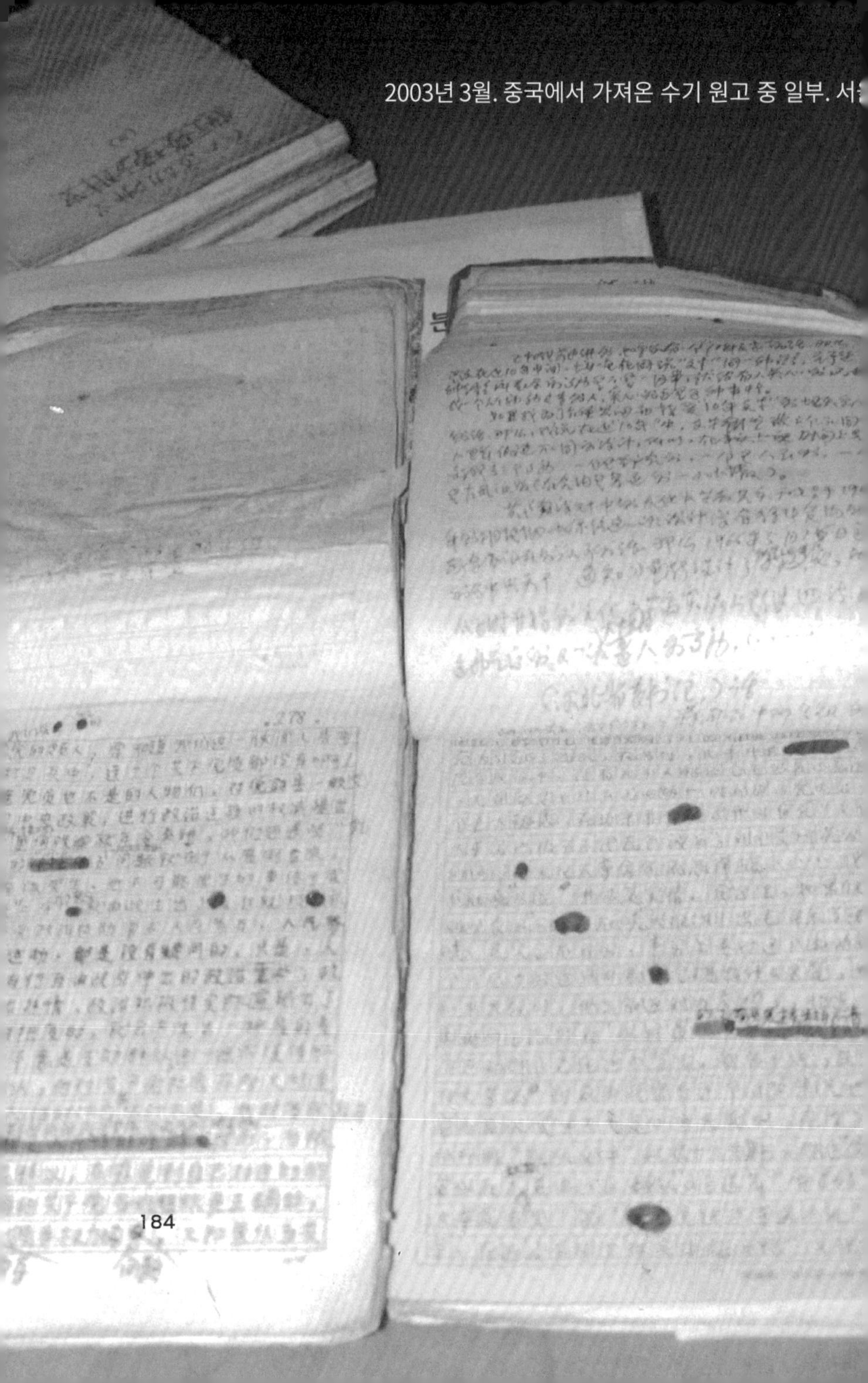

2003년 3월. 중국에서 가져온 수기 원고 중 일부. 서

2004년 5월. 컴퓨터로 글을 쓰고 있다. 서울 구로동 집에서.

2003년 3월. 중국에서 쓴 수기 원고를 살펴보다. 서울 가리봉동 집에서.

2008년 7월 인권성화운동에 참가한 등원비.

2005년 6월 3일 주한 중국영사관 앞에서 거행된
6·4항의 활동 중 연설.

2005년 6월. 일본의 중국민주화운동가와 함께. 서울.

2008년 8월 중국의 인권발전을 촉구하는 '인권 성화' 참가 후. 서울.

2008년 11월 14일 난민 인정 판결후 기념사진.
<서울중국인교회>에서. 서울.

2005년 6월3일 6.4천안문 학살을 규탄하는 집회. 주한중국영사관앞.

2010년 2월 '파룬궁' 주최 신운 예술단발표 후 기자와 인터뷰. 서울.

저자

우쩐롱(武振榮)

1949년 3월 출생.
고향은 중국 섬서성 함양시.
1966년 문화대혁명 시기 함양시 중학교의 홍위병 두목으로 활동.
당시 천안문 광장에서 홍위병 열병식 때 모택동을 친견하였다.
1968년 인민해방군 입대.
정치 교관으로 인민해방군에게 공산주의와 사회주의의 우월성을 교육하였다.
이때 도서관에서 동서양 사상서, 역사서, 철학서 등을 읽으면서 중국은 공산주의와 공산당으로는 희망과 미래가 없다는 것을 깨닫고 비밀리에 중국의 자유와 민주를 위한 글을 썼다.

이때 쓴 글이 800만 자, 30권 분량이었으나
중국에서는 출판할 수 없었다.
2002년 홍콩의 한 출판사에서 문화대혁명을
비판하는 책을 내려다
중국 공안에 발각되어 한국으로 탈출하였다.
2008년 한국에서 중국 민주인사로서는 처음으로
난민 인정이 되었다.
한국에 와서 인터넷으로 500여 편의 중국 민주와
중국 민주운동의 글을 발표했다.
<우쩐롱 문화대혁명(文革)>, <우쩐롱 민주를 논하다>,
<우쩐롱 모택동을 논하다>,
<우쩐롱 문화와 종교를 논하다> 등이 있다.

도망자

초판 발행 2020년 6월 4일

지은이 우쩐룽
편 집 김소연
펴낸이 정유진
디자인 이이사벨
펴낸곳 노북(no book)
주 소 경기도 수원시 영통구 광교중앙로 145 A432
전 화 031-8025-9200 팩 스 050-4211-8560
https://blog.naver.com/nobookorea
이메일 nobookorea@gmail.com
출판등록 2018년 7월 27일 제2018-000072호
인 쇄 새한문화사

ISBN 979-11-90462-06-8 (03300)

※ 본 책의 내용 가운데는 《황하의 물결(최황규 저)》에서 참고하거나 일부 인용한 부분이 있음.

우쩐룽 작가의 한국인 동행자, 최황규 목사의《황하의 물결》한국어판과《황하혈루(黄河血泪 : 황하의 피눈물)》중국어판이 현재 국내뿐아니라 아마존 등 해외 온라인 서점사이트에서 보실 수 있습니다.